Gerda und Rüdiger Maschwitz
Wo unsere Wurzeln liegen

Gerda und Rüdiger Maschwitz

Wo unsere Wurzeln liegen

Weisheiten und Traditionen – neu entdeckt

Anregungen für jede Woche des Jahres

Mit Illustrationen
von Rüdiger Pfeffer

Kösel

ISBN 3-466-36579-1
© 2001 by Kösel-Verlag GmbH & Co., München
Printed in Germany. Alle Rechte vorbehalten
Druck und Bindung: Kösel, Kempten
Umschlag: Elisabeth Petersen, München
Umschlagmotiv: Norbert Schäfer Archiv, Düsseldorf

Gedruckt auf umweltfreundlich hergestelltem Bilderdruckpapier
(säurefrei und chlorfrei gebleicht)

Inhalt

Vorwort

Ich wollte stets in das Herz der Dinge schauen.

SUSANNA TAMARO

Für ein Kind mit großer spiritueller Begeisterung ist es ziemlich schwer, mit der Gleichgültigkeit seiner Umwelt zurechtzukommen.
Leider fand ich in den Momenten, in denen ich einen Gesprächspartner gebraucht hätte, niemanden, der diese große Kraft in mir wahrgenommen hätte, die sich immer mehr in mein Inneres zurückzog.

SUSANNA TAMARO

Viele Erwachsene haben durch äußerliche Traditionen und Gewohnheiten, die das Wesentliche nicht mehr erkennen lassen, den Zugang zu den eigenen Wurzeln verschüttet.

Dieses Buch möchte Sie einladen, sich auf Ihre Wurzeln zu besinnen bzw. sie neu zu entdecken. Dabei gibt es keine richtigen oder falschen Entdeckungen, sondern nur Entdeckungen, die Sie im Leben fördern oder die Ihnen helfen, Hinderliches aus dem Weg zu räumen. Wie viele Blockaden und Ängste gibt es, weil Menschen sich nicht trauen, ihre eigenen Fähigkeiten, Potenziale und Chancen zu leben.
Die Suche nach den Wurzeln ist eine Rückreise in die eigene Geschichte und eine Hinreise zur eigenen Persönlichkeit. Sie ist aber auch eine Hinreise zur eigenen Spiritualität. Oft wissen wir gar nicht, dass wir eine Sehnsucht nach dem Urgrund des Lebens in uns tragen.

Dieses Buch ist auch ein Buch für Väter, Mütter, Kinder und Großeltern, die sich mit der Frage beschäftigen, was sie denn im Leben trägt, aus welchen Wurzeln sie Kraft und Orientierung erhalten und was sie davon weitergeben möchten.

Sie finden in dem Buch jeweils vier Themen unter einem Überthema zusammengefasst, die zu den einzelnen Monaten des Jahres und ihrer jeweiligen Grundstimmung passen. In der fünften Woche werden die Themen durch alte und neue Lieder, Gedichte und Geschichten ergänzt.

Die Texte sind keine fertigen Antworten, sondern Fragen, Impulse, Anregungen, Anstöße oder Weisheiten, die Sie anregen können, dem Stellenwert der Themen in ihrem Leben nachzuspüren. Manche Texte enthalten Anregungen zum Ausprobieren und kreative Gestaltungsideen.

Das Buch will Sie durch das Jahr begleiten und Sie einladen, sich jede Woche einem Wurzel-Thema zu widmen. Natürlich können Sie auch einfach den Themen ihrer Wahl entlang gehen, blättern Sie das Buch durch, stöbern Sie darin herum.
Wir wünschen Ihnen, dass es eine Fundgrube und eine Hinreise zu den Wurzeln des Lebens wird, denn nur mit Wurzeln kann ein Baum jedem Wetter standhalten.

Hetzenholz im März 2001

Januar

Geschichten, Märchen, Träume, Mythen

1. Woche

Gebt uns Geschichten, so wachsen uns Flügel

Märchen und Geschichten gehören von alters her zu den Wurzeln der Menschheit. Sprechen können und Verstehen waren die Voraussetzungen dazu. Mit den Geschichten gaben und geben die Menschen Erfahrungen und Wissen, Hoffung und Ängste, Perspektiven und Weisheit weiter. Geschichten brauchen allerdings Zeit. Zeit zum Erzählen und Zeit zum Zuhören. Früher war im Winter die Zeit am Spinnrad die Geschichtenzeit. Irgendwie gehörte das Rad dazu. Sei es am Spinnrad oder auf langen Wagenfahrten, am Mühlrad oder auf dem Raddampfer.

Je schneller sich die Räder drehten, desto mehr Geschichten entstanden. Gleichzeitig wurde aber die Zeit zum Erzählen immer weniger. So übernahmen die Medien die Rolle des Erzählers. Das Radio erzählte beim Arbeiten und Ausruhen noch Geschichten. Und dann kam die Schallplatte und die Kassette und Benjamin Blümchen, Bibi, TKKG, …

Auch heute noch hören Kinder gerne gute Geschichten, die ihnen jemand erzählt. Sie hören gerne blödsinnige Geschichten, weise Geschichten, spannende Geschichten, gruselige Geschichten, eben Geschichten jeder Art.
Doch eins haben fast alle kleinen Hörerinnen und Hörer von Geschichten gemeinsam: Sie wünschen sich (und ich wünsche mir dies auch), dass die Geschichten gut ausgehen.

Wahre Geschichten

Lange beschäftigte Tim die Frage: »Sind die Geschichten, die ich höre wahr?« Wenn er nicht mehr weiter wusste und zu viele Gedanken in seinem Kopf schwirrten, fragte er immer Tina. Tina, die Eule, wohnte nebenan in einem großen Garten. Sie saß in ihrem Baum und Tim saß darunter. »Weißt du, Tim«, sagte sie, »es ist nicht wichtig, ob die Geschichten wirklich so geschehen sind. Sie müssen nur wahr sein können. Und wahr sein heißt, sie müssen eine Wahrheit in sich tragen.«
Genau in diesem Sinne ist ein Märchen oder »Momo« von Michael Ende für mich wahr.

Warum müssen Geschichten gut ausgehen?

Tim besuchte mit Britta die Eule Tina. Tina war mindestens 60 Jahre alt, wenn nicht noch älter. »Tina«, sagte Britta, »ich finde es scheußlich, wenn Geschichten nicht gut ausgehen! Warum schreiben Menschen solche Bücher?« Tina wiegte ihren Kopf nach rechts und links, es sah so aus, als ob ihre Brille wackelte. (Obwohl sie gar keine Brille trug!) Dann sprach sie langsam, fast flüsternd: »Das Leben geht nicht immer gut aus. Immer wenn ich Mäuse fange oder einen jungen Hasen, fehlt in einem Nest ein Tier. Aber es ist Eulen streng verboten darüber nach zu denken und wir tun dies auch nicht. Wir müssen nämlich Nahrung fangen um zu leben. Aber wir wissen, dass nicht alles im Leben fair und gut ist. Manches ist sogar ausgesprochen böse und schlecht. Dies macht dir dann sicherlich manchmal Angst, Britta.
Du weißt ja schon selbst, dass manches nicht gut ausgeht. Du hast selbst schon geweint, als deine Puppe überfahren wurde, als euer Hund starb und deine Oma sehr krank war. Und nun möchtest du wissen, ob es auch schwierige Dinge gibt, die gut ausgehen.
Ja, Britta, es gibt Dinge, die wieder gut werden. Und davon erzählen viele Geschichten. Und sie erzählen, dass du selbst daran mitwirken kannst.«
Tina, die Eule, wiegte wieder ihren Kopf hin und her. Tim dachte an ein Märchen, das er gestern gehört hatte. Wie schrecklich wäre es gewesen, wenn der Prinz Dornröschen nicht wach geküsst hätte, oder?

Geschichten einander vorlesen

Als unsere Kinder noch jünger waren, wurde in der Winterzeit immer, wenn es möglich war, ein Buch als Fortsetzung gelesen. Da gab es Michel und Ronja von Astrid Lindgren, Jim Knopf und Momo von Michael Ende, Emil und seine Geschichten von Erich Kästner, das Schlüsselkraut und die Herdmanns, Feder und Rose von Josefine Ottesen, die Geschichten von Tiuri und seinem Freund Piak und viele mehr. Es gab eine Zeit zum Hören, zum Fragen, zum Naschen und zum Trinken. Mal gab es Punsch, mal Tee, mal Saft, mal Wasser. Es war eine gute Zeit. Nur eine (Un-)Sitte haben wir nicht gemacht: Wir haben nicht an der spannendsten Stelle aufgehört, sondern immer dann, wenn eine Geschichte sich jeweils rundete. Kinder und Erwachsene haben ein Recht auf eine gute Nacht und dazu gehört ein guter Abschluss. Fantasie genug, um die Geschichte »weiterzuleben«, haben Kinder sowieso und sie machen dies auch.

Geschichten erfinden

Es gab noch einer weitere Sitte und es gibt sie in viele Häusern. Es werden Geschichten erfunden. Geschichten, die Kinder ins Leben begleiten und die sie selbst weiterspinnen. Als unsere Töchter Kinder betreuten, entdeckten wir auf einmal, dass alte Geschichten, die wir ihnen erzählt hatten, weiterleben. Wir mussten die alten, eigenen Geschichten wieder hervorkramen. Die Geschichten gingen in die zweite und dritte Runde. So erzählt sich eigene Kindheit fort. Es entstehen ohne jeden Zwang Traditionen und auch Familienidentität in einer nicht immer heilen Welt.

Kinder brauchen Geheimnisse, Erwachsene suchen danach

Kinder lieben Geheimnisse, echte Geheimnisse. Sie möchten vieles verstehen, aber sie bewahren sich das Staunen. Erwachsene möchten oft nicht nur alles verstehen, sondern auch noch erklärt haben. Einerseits ist dies gut, denn es hält die Neugierde wach. Andererseits gibt es auf vieles keine Antwort oder Antworten, die keiner erwartet. Wer kann Liebe schon erklären?

Es gibt so viele Geheimnisse! Warum bin ich ein Junge? Warum ist heute der Himmel blau? Warum erfüllt sich ein Wunsch? Warum wird mir's heiß ums Herz?

Natürlich gibt es darauf Antworten: Ich bin ein Junge, weil dies an einem Gen liegt! Aber warum war es gerade dieser Samen? Weil er schneller war?

Mich befriedigen diese Antworten nicht. Sie sind oberflächliche, oft biologisch-mechanische Antworten. Je intensiver Kinder und Erwachsene fragen und nach Antworten suchen, desto mehr entdecken sie das große Geheimnis des Lebens. Denn das Wesen dieses Geheimnisses ist es, dass es Geheimnis bleibt.

Die Demut des Wissens

»Die Naturforscher wollten Gott von Angesicht zu Angesicht sehen. Da das nicht möglich war, beteuerte ihre exakte Wissenschaft, dass es ihn nicht gäbe. Um wie vieles sind wir Naturforscher bescheidener geworden. Wir beugen uns in Demut vor dem Übergroßen, vor dem Übermächtigen, dem ewig Unsichtbaren, dem niemals Erfassbaren.«

MAX VON LAUE

Die Straßenbahngeschichte

Kind (4 Jahre): Warum regnet es? Vater: Das Wasser verdunstet durch die Wärme, z.B. über dem Meer. Es wird Dampf und steigt hoch. Es bilden sich Wolken. Und die Wolken bringen den Regen. Wenn sie vor einem Berg steigen wollen, sind sie zu schwer. Dann regnet es und die Wolken werden leichter und steigen. Das Kind schaut aus dem Fenster. Vater: Hörst du überhaupt zu? Kind: Ja, aber warum regnet es? Der Vater schaut verzweifelt. Die Frau auf der Nachbarbank mischt sich ein: Weil die Blumen Wasser brauchen! Das Kind schaut zufrieden und glücklich. Der Vater ist ärgerlich: Dies erklärt kein Hochwasser! Die Frau erwidert: Danach hat das Kind auch nicht gefragt.

Tim hat es gewusst!

Tim: Ich wünsche mir ein Geschwisterchen! Mama: Du bekommst in fünf Monaten eine kleine Schwester. Tim freut sich: Das habe ich gewusst. Die Mutter staunt: Woher denn, es hat dir doch keiner gesagt? Tim: Ich weiß auch nicht, aber ich habe es gewusst. (Anmerkung für Erwachsene – Tim hat es wirklich gewusst – ohne es zu wissen.)

Eine andere wichtige Art des Geheimnisses

Ich war 13 Jahre alt und begann in der Leitung einer Kindergruppe mitzuarbeiten. Damals fand ich vieles nicht gut in der Gruppe und löcherte den Leiter mit Fragen und Bitten nach Veränderungen. Er nahm mich irgendwann zur Seite und vertraute mir sein Geheimnis an: »Ich wechsele in einem halben Jahr die Stelle, darum will ich nichts mehr ändern. Es weiß aber noch niemand davon. Kannst du solange schweigen und warten?« Dieses Vertrauen habe ich eingehalten, es hat mich sehr gefördert. Ich habe ein Geheimnis bewahrt. Ich lernte: Geheimnisse brauchen Vertrauen.

Ehrlichkeit und Geheimnisse – ein Gratwanderung oder Geheimnis bleibt Geheimnis

Herr Klaus spielt im Kindergarten den Nikolaus. Er ist ein ehrlicher Mann und führt die Kinder nicht an der Nase herum. Die Kinder warten auf ihn, auch seine Tochter Lena ist dabei. Herr Klaus tritt vor die Kinder und zieht sich das Nikolausgewand an. Er nimmt seinen Sack, hört Gedichte an, singt Lieder mit und verteilt die Geschenke. Danach zieht er sich wieder um und bleibt noch eine Weile da. Zu Hause fragt er seine Tochter: »Was war denn heute los?« Lena: »Heute war der Nikolaus da«. Herr Klaus: Hast du ihn erkannt?« Lena: »Klar, es war der Nikolaus. Wer sonst?« Herr Klaus: »Und ich?« Lena: »Stimmt, du warst auch da!« Herr Klaus staunt und schweigt. Das Verkleiden vor den Kindern fand er richtig. Aber wenn Lena es nicht wahrnimmt, ist es auch gut. Später klärt es sich von selbst. Herr Klaus möchte Ehrlichkeit, Lena den Nikolaus. Beides ist möglich. Das ist das wirkliche Geheimnis.
Merke: Geheimnisse vertragen keine Unwahrheit, aber sie möchten auch nicht erklärt werden!

3. Woche

Träume

Träume sind wichtig in unserem Leben. Im Traum verarbeiten, lernen, erleben wir viele wesentliche Momente unseres Lebens. Viele Aspekte des Traumes sind uns im Alltagsleben nicht bewusst. Trotzdem beeinflussen und bestimmen sie uns.

Es gibt verschiedene Arten von Träumen: Da gibt es Träume, die mit unserer vergangenen Lebenszeit zu tun haben, und die uns anhalten, uns mit bestimmten Fragen der eigenen Lebensgeschichte auseinander zu setzen, damit es uns besser geht.

Manchmal habe ich den Eindruck, dass Träumen schon selbst eine Verarbeitung ist. Gerade Träume, die sich wiederholen, sagen nicht nur: »Halt, hier ist etwas Wichtiges oder etwas Ungelöstes.« Wiederholungsträume verarbeiten schon selbst Vergangenes. So verändern sich die Wiederholungsträume mit der Zeit und besonders der Schluss wird anders.

Die zweite Traumart zeigt Perspektiven auf: Sie deutet Möglichkeiten an, wie das Leben gestaltet werden kann.

Die dritte Traumart ist der Traum im Traum. Dabei bemerkt der Träumende selbst, dass er bzw. sie im Traum ist. Es gibt also einen bewussten Aspekt im unbewussten Träumen. Diese Träume werden in vielen Kulturen sehr ernst genommen und auf ihre Visionen und Perspektiven hin befragt.

Traumdeutung

Der Alltag ist nur eine von verschiedenen Wirklichkeitsebenen, die der Mensch erlebt. Träume sprechen in Bildern, Geschichten, Emotionen und Assoziationen. Doch drücken diese Bilder etc. nicht unbedingt das aus, was der Träumende im Alltag damit verbinden würde. Sie bedürfen also der Deutung.

Aber der Sinn eines Traumes erschließt sich nicht abstrakt, etwa nach dem Muster: »schwarz bedeutet Trauer«, »ein Grab weist auf Abschied hin«. Ein Traum ist nur aus der eigenen Lebenswirklichkeit zu erschließen. Assoziationen zu den im Traum handelnden Personen, den Gefühlen, die Kenntnis der Urbilder und die Intuition helfen dabei. Deshalb sind Hinweise, was z.B. schwarze Farbe oder Feuer in einem Traum bedeuten können, mit Vorsicht zu genießen und oft nicht hilfreich.

Traumtagebuch

Wer wirklich den eigenen Träumen auf die Spur kommen will, führt am besten ein Traumtagebuch. Der beste Platz ist neben dem Bett. Wer nach einem Traum aufwacht, schreibt ihn einfach auf. Wenn Sie sich diese Träume nach einiger Zeit anschauen und sich mit ihnen beschäftigen, können Sie sich mit der Zeit an immer mehr Träume erinnern und sie vergleichen. Und Sie fangen an, sie aus ihrer Lebenswirklichkeit heraus zu verstehen.

Kinderträume

»Ich habe Bilder in meinem Kopf« sagte das Kind. Und meint damit Träume, an die es sich erinnert. Für Kinder sind Träume genauso Realität wie das Dreiradfahren oder das Rollenspiel oder das Fernsehen. Der gut gemeinte Satz: »dies ist nicht wirklich geschehen, dies war nur ein Film oder ein Traum«, geht am Wesen des Kindes vorbei.

Wenn Kinder und Erwachsene schlecht träumen ...,

dann gibt es zwar viele Gemeinsamkeiten, aber auch einen Unterschied: Kindern fällt es schwerer, ihre schwierigen Träume hinter sich zu lassen oder aus ihnen auszusteigen. Wenn Kinder nachts träumen und weinen oder erschrocken sind, dann sollten die Kinder nicht noch mehr erschreckt oder gar geschüttelt werden. Verstärken sie das Erleben nicht, sondern setzen sie sich liebevoll ans Bett. Sprechen sie das Kind sanft und klar

im Traum an. Geben sie Impulse zum Erzählen und unterstützen sie die Bewältigung. »Träumen« sie mit, aber wahren sie die Intimität und das Vertrauen.

Nach »Albträumen« ist es gut, dem Traum und seinen Gefühlen Ausdruck zu verleihen, z. B. durch Malen oder Gestalten in Ton. Hören sie zu, was das Kind nachher erzählt, »diskutieren« sie das Bild aber nicht mit ihm.

Träum doch nicht so!

Wie oft sagt die Lehrerin in den ersten Schuljahren zu den Kindern und zu einigen Kindern speziell: »Träum doch nicht so herum.« Sie meint damit, dass das Kind aufmerksam und hier in der Schulwirklichkeit anwesend sein soll. Für viele Kinder aber ist es kein Problem, zeitweise an einem anderen Ort und in einem anderen Geschehen zu sein. Und dieser andere Ort ist für das Kind genauso wirklich wie die Schule. Und das Kind? Es sollte eigentlich beides dürfen und können: Träumen und ganz wach da sein. Allerdings jedes zu seiner Zeit!

Also doch in der Schule nicht träumen? Doch, denn es fördert die kreative Intelligenz! Vielleicht sagt die Lehrerin beim nächsten Mal einfach: »Steig aus deinen Träumen aus, wir brauchen dich auch jetzt hier!«

Träume führen zu unseren Wurzeln

Träume denken nicht, sie zeigen eine andere Wirklichkeit, die über unseren Verstand hinausgeht. Im Traum begegnen wir nicht nur uns selbst, sondern auch Mythen, Vergangenem und Orten, die wir eigentlich gar nicht kennen können. C.G. Jung nennt diese Ebene, die in uns vorhanden ist, das kollektive Unbewusste. Uns begegnen dann im Traum Wirklichkeiten, denen wir im normalen Bewusstsein noch nie begegnet sind. Die neuere Traumforschung vermutet sogar, dass wir dieses kollektive Unbewusste durch Träume lernen bzw. in uns aufnehmen.

Träume verbinden uns mit einer anderen Welt

Träume sind Schaufenster in eine andere Wirklichkeit. Ich könnte auch sagen: Träume sind voller spiritueller Bezüge und Erfahrungen. Nicht nur Kinder erleben Engel, Verstorbene und intensives Licht. Ist diese andere Welt Illusion oder echt? Durch die Träume erschüttern diese Wirklichkeiten auch Menschen, die bisher nichts damit zu tun haben wollten oder sehr skeptisch sind.

Versuchen Sie es einmal mit einer Hypothese – einer Annahme: »Andere Wirklichkeiten gehören zu meinem Leben, solange sich nicht das Gegenteil herausstellt.« So können Sie diese Erfahrungen ernst nehmen und prüfen, was an ihnen dran ist. Die biblische Tradition sagt: »Prüfet alles und bewahrt, was gut ist.«

Wünsche

Mögen wir gute Träume haben,
die uns fördern.
Mögen wir tiefe Träume haben,
um uns selbst zu erkennen.
Mögen wir gemeinsame Träume haben,
und Einsamkeit und Ohnmacht überwinden.

4. Woche

Abraham – eine Geschichte von drei Wurzeln

Drei Religionen führen sich auf Abraham zurück. Auf Abraham und Sarah und ihr Kind Isaak bezieht sich die jüdische Tradition und auf Abraham und Hagar und ihren Sohn Ismael die muslimische. Die christliche Tradition wiederum beruft sich auf die jüdische Wurzel mit Abraham, Sarah und Isaak. Nun ist diese gemeinsame Wurzel zwar durchaus bekannt, aber sie wirkt sich im Zusammenleben nicht aus. Wie viel Kriege sind im Namen einer der drei Religionen bis heute geführt worden?

Mir kommt dieses Geschehen wie ein Geschwisterkrieg vor, bei dem um den Alleinvertretungsanspruch, um die Wahrheit und um Macht gestritten wird. Das Bewusstsein von der gemeinsamen Wurzel ist verloren gegangen und das »Vertrauen der Familie« untereinander auch. Nicht nur für Kinder ist die Anfangsgeschichte wichtig und so möchte ich sie kurz erzählen.

Isaak und Ismael, eine Geschichte über Eltern

Abrahams Sippe war in ein fernes Land gezogen und hatte sich dort niedergelassen, aber es fehlte ein Erbe. Lange Jahre konnten Abraham und seine Frau Sarah keine Kinder bekommen. Das war damals eine schwierige Situation, denn Kinder wurden als Reichtum und Gottesgeschenk angesehen. So bekam Abraham mit dem Einverständnis und dem Wunsch von Sarah einen Sohn mit Hagar. Hagar war eine Sklavin von Sarah und rechtlich war der kleine Ismael Sarahs Kind.

Im Alter konnte Sarah dann doch noch einen Sohn, Isaak, gebären. Auf Hagar und den erstgeborenen Sohn wurde sie immer eifersüchtiger. Schließlich schickte Abraham auf Sarahs Wunsch Hagar und Ismael weg. Aber beide fanden ein neues Zuhause.

Isaak und Ismael – ein Mythos

Diese Wurzelgeschichte enthält alles in sich, damit Menschen versöhnt miteinander leben können. Mythen nennt man diese Geschichten, die etwas aussagen wollen, das an der Oberfläche nicht sofort sichtbar wird. Wenn man Kindern diese Geschichte erzählt, stellen sie meist Fragen, die zu dem Wesentlichen führen:

- *Haben die Kinder miteinander gespielt?*
- *Hat der Vater beide lieb gehabt?*
- *Mein Papa lebt mit einer anderen Frau zusammen. Sie haben ein Kind. Das ist doch mein Geschwisterchen? Oder?*
- *Wenn Abraham stirbt, wer bekommt dann alles? Warum nicht beide?*

In diesem Mythos vom gemeinsamen Ursprung dreier Religionen ist der Absolutheitsanspruch einer Religion aufgehoben. Auf einer persönlichen Ebene ist es gut, dass jeder seinen Glauben für wichtig hält und ihn ernst nimmt. Damit ist aber nicht die Antwort auf die Frage verbunden, welcher Zweig, der sich aus der gemeinsamen Wurzel gebildet hat, der wertvollere und bessere ist.

Der Mythos erzählt, dass Religionen wie Geschwister verwandt sein können und einen Ausgangspunkt haben. Dies könnte zu gegenseitiger Achtung und Respekt voreinander führen.

Aber davon sind wir weit entfernt. Im Fundamentalismus aller Religionen wird nicht nach der gemeinsamen Wurzel geschaut, sondern die Wurzel wird als eigener und alleiniger Besitz angesehen.

Wenn wir Menschen überleben wollen, brauchen wir den Blick auf die gemeinsamen Wurzeln. Wir können uns freuen an den Bäumen, die aus diesen Wurzeln entstanden sind und wir können genau hinschauen, wo die Wurzeln für eigene Zwecke und Macht missbraucht werden.

So steht am Ende des Januars eine alte Parabel – eine Geschichte, die uns seit Jahrhunderten einlädt, unsere Verschiedenheit und unsere Wurzeln zu akzeptieren.

Geschichten und mehr

Die Ringparabel

Saladin, dessen Tapferkeit so groß war, dass sie ihn nicht nur von einem geringen Manne zum Sultan von Babylon erhob, sondern ihm auch vielfache Siege über sarazenische und christliche Fürsten gewährte, hatte in zahlreichen Kriegen und in großartigem Aufwand seinen ganzen Schatz geleert und wusste nun, wo neue und unerwartete Bedürfnisse wieder eine große Geldsumme erheischten, nicht, wo er sie so schnell, als er ihrer bedurfte, hernehmen sollte. Da erinnerte er sich eines reichen Juden, Namens Melchisedek, der in Alexandrien auf Wucher lieh und nach Saladins Dafürhalten wohl imstande gewesen wäre, ihm zu dienen, aber so geizig war, dass er von freien Stücken es nie getan haben würde. Gewalt wollte Saladin nicht brauchen; aber das Bedürfnis war dringend, und es stand bei ihm fest, auf eine oder andere Art müsse der Jude ihm helfen. So sann er denn nur auf einen Vorwand, ihn zwingen zu können.

Endlich ließ er ihn rufen, empfing ihn auf das Freundlichste, hieß ihn neben sich sitzen und begann als dass: »Mein Freund, ich habe schon von Vielen gehört, du seiest weise und habest in göttlichen Dingen viele Einsicht; nun erführe ich gern von dir, welches unter den drei Gesetzen du für das wahre hältst, das jüdische, das sarazenische oder das christliche.« Der Jude war in der Tat ein weiser Mann und erkannte wohl, dass Saladin ihm solcherlei Fragen nur vorlegte, um ihn in seinen Worten zu fangen; auch sah er, dass, welches von den Gesetzen er vor den anderen loben mochte, Saladin immer seinen Zweck erreichte. So bot er denn in der Geschwindigkeit seinen ganzen Scharfsinn auf, um eine unverfängliche Antwort, wie sie hier Not tat, zu finden, und sagte dann, als ihm plötzlich eingefallen war, wie er sprechen sollte.

»Mein Gebieter, die Frage, die ihr mir vorlegt, ist schön und tiefsinnig; soll ich aber meine Meinung darauf sagen, so muss ich euch eine kleine Geschichte erzählen, die ihr sogleich vernehmen sollt. Ich erinnere mich, oftmals gehört zu haben, dass vor Zeiten ein reicher und vornehmer Mann lebte, der vor allen auserlesenen Juwelen, die er in seinem Schatz verwahrte, einen wunderschönen und kostbaren Ring wert hielt. Um diesen seinem Werte und seiner Kostbarkeit nach zu ehren, ordnete

er an, dass derjenige unter seinen Söhnen, der den Ring, als vom Vater ihm übergeben, würde zeigen können, für seinen Erben gelten und von allen anderen als der vornehmste geehrt werden sollte. Der erste Empfänger traf unter seinen Kindern ähnliche Verfügungen und verfuhr dabei wie sein Vorfahr. Kurz, der Ring ging von Hand zu Hand auf viele Nachkommen über.

Endlich aber kam er in den Besitz eines Mannes, der drei Söhne hatte, die sämtlich schön, tugendhaft und ihrem Vater unbedingt gehorsam, daher auch gleich zärtlich von ihm geliebt waren. Die Jünglinge kannten das Herkommen in Betreff des Ringes, und da ein jeder der Geehrteste unter den Seinigen zu werden wünschte, baten alle drei den Vater, der schon alt war, einzeln auf das Inständigste um das Geschenk des Rings. Der gute Mann liebte sie alle drei gleichmäßig und wusste selber keine Wahl unter ihnen zu treffen; so versprach er denn den Ring einem jeden und dachte auf ein Mittel, alle zu befriedigen.

Zu dem Ende ließ er heimlich von einem geschickten Meister zwei andere Ringe verfertigen, die dem Ersten so ähnlich waren, dass er selbst, der doch den Auftrag gegeben, den rechten kaum zu erkennen wusste. Als er auf dem Totenbette lag, gab er heimlich jedem der Söhne einen von den Ringen.

Nach des Vaters Tode nahm ein jeder Erbschaft und Vorrang für sich in Anspruch, und da einer dem anderen das Recht bestritt, zeigte der eine wie der andere den Ring, den er erhalten hatte, vor. Da sich nun ergab, dass die Ringe einander so ähnlich waren, dass niemand, welcher der echte sei, erkennen konnte, blieb die Frage, welcher von ihnen des Vaters wahrer Erbe sei, unentschieden, und bleibt es heute noch. So sage ich euch denn, mein Gebieter, auch von den drei Gesetzen, die Gott der Vater den drei Völkern gegeben und über die ihr mich befraget. Jedes der Völker glaubt seine Erbschaft, sein wahres Gesetz und seine Gebote zu haben, damit es sie befolge. Wer es aber wirklich hat, darüber ist, wie über die Ringe, die Frage noch unentschieden.«

Als Saladin erkannte, wie geschickt der Jude den Schlingen entgangen sei, die er ihm in den Weg gelegt hatte, entschloss er sich, ihm geradezu sein Bedürfnis zu gestehen. Dabei verschwieg er ihm nicht, was er zu tun gedacht habe, wenn jener ihm nicht mit so viel Geistesgegenwart geantwortet hätte. Der Jude diente Saladin mit Allem, was dieser von ihm verlangte, und Saladin erstattete jenem nicht nur das Darlehen vollkommen, sondern überhäufte ihn noch mit Geschenken, gab ihm Ansehen und Ehre in seiner Nähe und behandelte ihn immerdar als seinen Freund.

Juppie, immer wieder Juppie
(Eine Familien-Fortsetzungsgeschichte)

Das alte Haus an der Landstraße war manchen nicht geheuer. Es war ganz zugewachsen mit wildem Wein und Efeu. Früher wohnten Menschen hier. Jetzt stand es schon seit Jahren leer. In diesem Haus wohnte Juppie.

Juppie war gerade 137 Jahre alt, also noch ein recht junges Gespenst. Aber es konnte schon alles, was ein richtiges Gespenst können muss. Das Haus war sein Haus. Eines Tages hörte Juppie, dass das Haus verkauft werden sollte. Bald kamen Tag ein, Tag aus neue Leute, die sich das Haus anschauten. Manchmal überlegte Juppie, ob er diese Leute erschrecken sollte. Und wenn sie ihm nicht gefielen, dann tat er das auch. Aber Juppie war ein seltsames Gespenst. All diese Gespensteraufgaben mochte er nicht besonders. Juppie wollte nicht immer Leute erschrecken oder nachts durch die Gänge wandeln. Er wollte niemanden ärgern und niemanden vertreiben. Er wünschte sich eigentlich viel mehr, dass endlich wieder Menschen in seinem Haus wohnten.

So kamen Peter und Ute mit ihren drei Kindern Willi, Wolle und Wally in das Haus. »Oh, ist das ein tolles Haus!« riefen die Kinder und liefen die Treppe rauf und runter. Die Dielen knarrten. Sie spielten Nachlaufen und Verstecken. »Hoffentlich kaufen diese Leute das Haus«, dachte Juppie, »das wäre eine tolle Sache und das langweilige Leben hätte ein Ende.« Und als der Kauf feststand, feierte Juppie ein Gespensterfest, sodass die Wände wackelten.

Nun war er endlich wieder ein Gespenst mit einem bewohnten Haus, mit einer Menge von Aufgaben. Denn Gespenster haben auch die Aufgabe, ein Haus zu behüten, zu bewachen und mit den Menschen zusammenzuleben.

Juppie und das Wellenbad (Eine Juppie-Geschichte im Urlaub)

Jeden Donnerstagnachmittag kam Peter um vier Uhr von der Arbeit zurück. Die ganze Familie ging anschließend ins Wellenbad schwimmen. Juppie hörte immer, wie sich die Kinder, freuten und beschloss eines Tages, einfach mitzufahren. Er setzte sich hinten ins Auto neben die Kinder und da ein Gespenst keinen Platz braucht, merkte keiner etwas. Er ging durch die Kasse, ging in den Umkleideraum und sah sich das ganze Wellenbad an. Eigentlich war dies hier ein Paradies für Gespenster. Ob es hier einen Kollegen von ihm gab? Juppie durchstreifte alle Räume und rief immer wieder »Juhuu, juhuu«, aber keiner beachtete ihn. Es war so viel Lärm und so viel Trubel um ihn herum. »Na ja«, dachte Juppie, »jetzt werde ich mir erst einmal das Wasser ansehen.« Das Wasser war am Anfang des

Beckens ganz flach und wurde nach hinten immer tiefer. Viele Kinder schwammen immer von einem zum anderen Ende. »Ach macht das Spaß«, dachte Juppie und ging selbst ein wenig ins Wasser, denn richtig nass werden wollte er nicht. Während er noch da stand und vor sich hin träumte, kam eine riesige Welle auf ihn zu, packte ihn und schleuderte ihn auf den Boden. »Huuuu«, seufzte Juppie, »Huuu!« Er erschrak fürchterlich! Gespenster erschrecken sonst kaum, doch jetzt war Juppie zutiefst erschrocken. Aber alle Kinder und auch die Erwachsenen freuten sich. Eine Welle folgte der anderen. Es ging rauf und runter und die Leute stürzten sich in die Wellen.

Juppie rettete sich ins Trockene und schaute zu. Das Schwimmbecken sah aus wie das Meer. »Aber wenn es wie das Meer ist«, überlegte Juppie, »dann muss es doch auch Schaum geben«. Aber den gab es hier nicht. Plötzlich waren die Wellen verschwunden. »Geheimnisvoll, geheimnisvoll«, dachte Juppie, »vielleicht gibt es hier ein Wellengespenst.« Er lief herum, rief und huute und sprach in der Gespenstersprache, doch nichts regte sich.

Als er erneut im Wasser stand, begannen die Wellen wieder. Gerade noch rechtzeitig erreichte Juppie das Ufer. Da kam ihm eine glänzende Idee: »Wenn es hier keinen Schaum gibt, dann muss ich einfach für ein bisschen Meeresschaum sorgen.« Er war sich seiner Sache ganz sicher: Endlich konnte er die Leute richtig erfreuen.

Juppie schaute sich die verschiedenen Shampooflaschen an: Haarshampoo, Duschshampoo, Kräutershampoo. Endlich entdeckte er eine große Flasche ›Meeresshampoo‹. »Das wird das Richtige sein.« Er nahm die Flasche und leerte sie ins Hallenbadwasser aus.

Juppie war enttäuscht, als sich kein Schaum bildete. Er schaute sich weiter um, nahm die nächste Flasche und las: ›Schaumbad‹. Er leerte auch sie ins Wasser, auch jetzt tat sich nichts. So suchte Juppie weiter. Er nahm alle Flaschen, die er finden konnte, auf denen ›Schaum‹ oder ›Meer‹ stand, und kippte sie in das Wasser. Es gab aber nur ab und zu eine vereinzelte Schaumblase.

Als er keine Flaschen mehr finden konnte, setzte sich Juppie auf einen Liegestuhl, schaute aus dem Fenster und beschloss zu warten, bis die Familie von Willi, Wolle und Wally wieder nach Hause fuhr. Während er wartete, begannen wieder die Wellen. Die Leute wurden lauter, riefen und wunderten sich. Juppie schaute hin und war begeistert. Zu seiner großen Freude gab es Schaum über Schaum. Der ganze Eingang zum Wellenbad war voll.

Der Bademeister lief aufgeregt hin und her: »Abschalten, wer war das?« Die Kinder juchzten und tauchten und die Eltern lachten. Der Bademeister aber geriet in Panik. »Wenn ich den erwische! Der wird den ganzen Schaum aufkehren müssen!« schrie er und fuchtelte wie wild mit den Armen.

»Haben Sie schon einmal Schaum aufgekehrt?« fragte Wally ihn.

»Nein, ich habe noch nie Schaum aufgekehrt, aber das macht nichts, du kannst ihn ja auch aufwischen.«

»Wir können den Schaum ja auch raustragen, dann haben wir draußen Schnee«, sagte Wolle.

»Ach lasst mich doch in Ruhe«, meinte der Bademeister. »Aber wo kommt der ganze Schaum bloß her?«

»Aus dem Wasser«, antwortete Wally. »Und wer hat ihn ins Wasser getan?«

»Das muss wohl ein Gespenst gewesen sein. Bei uns zu Hause sind es immer die Gespenster.«

»Ja, ja«, sagte der Bademeister, »ihr seid die Gespenster, was?«

»Nein, wir würden so etwas nie tun«, sagten die drei wie aus einem Munde und Willy fuhr fort: »Aber es sieht wirklich sehr schön aus. Weiße Wellen, rosa Wellen, grüne Wellen. Es ist ein richtiges kleines Badeparadies.«

Da riefen Peter und Ute: »Es geht weiter«, und die Kinder warfen sich in den Schaum. Sie hatten riesig Spaß wie schon lange nicht mehr.

Und auch Juppie wollte im Schaum baden. Als er herauskam war er rundherum nass. Schlotternd eilte er durch die Gänge und blickte sich suchend um. Dann sah er Peter schon am Auto warten und schlüpfte in letzter Sekunde auf den Rücksitz.

»Was soll das denn«, rief Ute. »Wer von euch ist denn so nass? Da ist ja eine nasse Spur bis zu unserem Auto.« »Vielleicht hast du die Badesachen nicht richtig ausgedrückt?« sagte Peter.

»Was heißt hier ich? Vielleicht sind es ja deine Sachen?«

Alle stiegen aus und betrachteten den Rücksitz. »Igitt«, rief Wally, »neben mir ist ja alles nass. Wie kommt das denn?« Juppie schämte sich ein bisschen. Er konnte nichts machen als still da sitzen und sich alles anhören und hoffen, dass sie endlich nach Hause fahren würden. Aber Peter fuhr nicht einfach nach Hause. Er untersuchte alle Gegenstände, drückte überall das Wasser heraus, fasste sich an den Kopf und sagte: »Das verstehe ich nicht.«

»Hat einer von euch vielleicht in die Hose gemacht?« fragte Ute. »Wir machen nicht mehr in die Hose«, riefen alle drei. »Vielleicht nur ein bisschen ...?« »Nein«, sagte Wolle, der der jüngste war, »ich war es wirklich nicht.«

»Na gut«, sagte der Vater, »wir fahren jetzt nach Hause und daheim kann ich alles abwaschen und abtrocknen.«

Ute seufzte tief: »Jetzt ist mir alles egal. Ich möchte schleunigst nach Hause. Dass hier im Auto ein zweites Schwimmbad ist, hat mir gerade noch gefehlt.«

»Ach«, sagten die Kinder, »du darfst das alles nicht so tragisch sehen. Es ist bestimmt nur ein Gespenst gewesen.«

»Ich weiß«, sagte Ute, »alles machen Gespenster und nie die Kinder.«

»Richtig«, kam es wie aus einem Mund, »Kinder sind das Bravste, Beste und Schönste, was man sich im Leben wünschen kann, oder?«

1. Woche

Familien-Sinn

Einfälle

Familie – Schutz und Bindung
Füreinander einstehen – Abhängigkeit
Wir Gefühl – Abgrenzung – Ich gehöre nicht dazu
zu Hause sein – gefangen sein
sich lösen und wieder finden

Was wir schenken können

- Familie als den Ort, an dem ich angenommen werde, wie ich bin
- wo ich mich nicht verstellen muss
- wo ich selbstverständlich dazugehöre.

Jeder hat eine Familie

Früher war die Großfamilie ein sozialer Raum, in dem ganz viele unterschiedliche Lebensformen gemeinsam ihren Platz hatten. Da lebten die verschiedenen Generationen zusammen, aber auch unverheiratete Onkel und Tanten, Verwitwete und Verwaiste hatten da ihren Platz. Sicher nicht immer ein Ort voller Harmonie, aber ein Ort, an dem man dazugehörte. Die äußere Form der Familien hat sich in den letzten Jahrzehnten sehr verändert. Zunächst trennten sich viele Menschen aus dem Rahmen der Großfamilie, lebten alleine oder blieben als Kleinfamilie zusammen. Mit der abnehmenden Zahl der Kinder wurden die Kleinfamilien immer kleiner. Heute leben viele als Alleinerziehende mit ihren Kindern in einer noch

kleineren Einheit. Die Zahl der sozialen Beziehungen ist dadurch viel geringer geworden, Kinder können z. B. bei Streit oder Langeweile nicht mal eben zur Oma oder zur Tante flüchten. Deshalb gibt es heute viele neue kreative Formen des Zusammenlebens, die durch familienunabhängige Zusammenschlüsse diesen Mangel auszugleichen versuchen.

Doch egal welche äußere Form das Zusammenleben von Erwachsenen und Kindern hat, der Ort der größten Intimität und Vertrautheit ist unsere Familie.

Ein Familienbild

Eine lebendige Familie ist wie ein Wald, der sich selbst erneuert, in dem die Alten Schutz und Geborgenheit bieten und die Jungen Raum haben, um aufzuwachsen. Manchmal ist der Wald zu eng und ich möchte weit weg, eigene Wurzeln schlagen. Manchmal trägt der Wind mich fort, und ich finde einen Platz in einem anderen Wald.

Wer bin ich – wer liebt mich?

Ein Reis, auf einen anderen Stamm verpflanzt, kann das Beste aus beiden machen. Adoptivkinder – auch sie tragen ihren Ursprung in sich und übernehmen die Tradition der neuen Familie. Ihren Ursprung zu kennen ermöglicht es ihnen, ja zu ihren beiden Familien zu sagen. Genauso wie die (neuen) Eltern ja zu ihnen und ihrer Herkunftsfamilie sagen.

Wo auch immer ich Wurzeln schlage, meinen Ursprung trage ich in mir.

Wir können zu unserer Familie sehr verschiedene Einstellungen haben – sie lieben, sie hassen, vor ihr flüchten, sie gebrauchen, sich ihrer schämen, stolz auf sie sein, sie vermissen – wie auch immer, sie bleibt ein Teil unseres Lebens.

Familie – auch wer nicht da ist, ist wesentlich

Familie ist ein lebendiger Organismus, der sensibel auf jede Veränderung reagiert: wer hinzukommt, wer weggeht, wer fehlt, wer unterdrückt und wer bevorzugt wird – jeder hat seinen Platz und seine Wirkung. In der Familienberatung wird oft deutlich, welchen starken – meist unbewussten – Einfluss gerade die »Lücken« im Familiensystem haben: die fehlenden Väter oder Mütter, die gestorbenen oder die ausgegrenzten Geschwister, Onkel und Tanten usw. Es lohnt sich, die eigene Familie einmal genauer anzuschauen, und sich zu fragen: »Will ich die Rolle und Zuweisung, die mir zugewachsen ist und die ich gewollt habe, weiter ausfüllen oder ist es für mich und die Menschen, die mit mir leben, heilsamer, mein Leben neu zu gestalten?«

Lebensrollen

Für unser Leben ist die Rolle, die wir als Kind übernommen haben, oft grundlegend für unser späteres Verhalten. Da gibt es z.B. die Vernünftige, die Harmonie-Suchende, den Rebell, den Unscheinbaren, den Helfer, den Sündenbock, das Lieblingskind. Neben allen individuellen und Familienbesonderheiten ist es ganz entscheidend, welchen Platz ich in der Geschwisterreihe habe. Untersuchungen haben ergeben, dass sich »erste Kinder«, »mittlere Kinder«, »jüngste Kinder« im Verhalten oft ähnlicher sind als die Geschwister untereinander. Trotz aller Versuche der Eltern, alle gleich zu behandeln, werden Unterschiede bleiben, und auch Kinder einer Familie unterschiedliche Erfahrungen machen.

Wer ist meine Familie?

Eine der radikalsten Veränderungen des Familienbegriffes ist 2000 Jahre alt. Die eigene Familie ließ Jesus bestellen, dass sie da wäre und Jesus zu ihnen kommen solle. Jesus folgte diesen Erwartungen nicht. Er distanzierte sich von seiner Ursprungsfamilie und sagte zu seinen Freunden: »Ihr seid meine Familie.« Oft wird diese Stelle auf die Kirche hingedeutet. Dies trifft aber nicht das Wesentliche und ist »zurechtgebogen«.

Jesus hatte, wie viele Männer heute auch, immer wieder Auseinandersetzungen mit seiner Mutter. Maria vereinnahmte ihn öfter. Er wehrte sich. Ich finde es beruhigend, diese Muster damals wie heute zu erleben. Jesus ermutigt Männer und Frauen ihre eigene Familienstruktur zu suchen und zu gestalten – losgelöst von den Mutterbeziehungen.

Vor-Urteile und Einstellungen

Für eine Sitzung lud ich einen homosexuellen Gesprächspartner ein. Am Telefon äußerte er den Wunsch, seinen Lebenspartner mitzubringen. Da es um Strukturen des Zusammenlebens ging, fand er dies notwendig und angemessen, schließlich sei dies seine Familie. Ich merkte, wie verunsichert ich war und mein Gesprächspartner merkte dies auch. Ich hatte also Vor-Urteile und Vor-stellungen im Kopf, die mir selbst gar nicht so bewusst waren. Ich stimmte dann zu und es war für die Menschen, die zusammenkamen, eine einzigartige Begegnung. Nach einer kurzen Irritation, die auch angesprochen wurde, diskutierten wir miteinander Rollen, Prägungen, Familienbilder, ...

Eine Familiengeschichte

Der Erste: Ich wollte meine Freiheit – warum sollten die mich wieder aufnehmen?
Der Zweite: Ich habe immer alles getan, was getan werden musste – zählt das etwa nicht?
Der Dritte: Du bist zurückgekommen – willkommen zu Hause.

LUKAS 15,11FF.: »DER VERLORENE SOHN« – EINMAL IN KURZFASSUNG

2. Woche

Die Kunst der Erziehung

An-Sprüche

Liebe heißt »mitgehen durch«

»Und wenn ich redete mit Engelszungen und hätte die Liebe nicht,
so wäre ich ein tönendes Erz und eine klingende Schelle.«

1. KOR 13

Lieben und lieb sein ist nicht dasselbe, ich möchte geliebt sein,
auch wenn ich mal nicht lieb bin.

Veränderungen

 Gerade in der Erziehung der Kinder hat sich eine Neuorientierung seit den Sechzigerjahren ergeben. Erziehung wurde offener und freier. Es sind viele alte Verkrustungen und Gewohnheiten aufgesprungen. Es wurde bisher Gültiges infrage gestellt und zu recht verworfen, z.B., dass Schlagen ein sinnvolles Erziehungsmittel sei, dass Kinder kein Recht auf eigene Entscheidungen haben, dass nur unbedingter Gehorsam und Disziplin Kinder zu lebenstüchtigen Menschen macht ...

Diese Chance brachte auch Verunsicherung mit sich und viele Fragen: »Wie mache ich es richtig?«

Was bleibt als Orientierung? Welche Werte sind unverzichtbar? Was ist der Leitfaden in der Erziehung, von dem aus ich entscheiden kann, was richtig oder falsch oder wenigstens besser ist? Was ist die entscheidende Wurzel zur Erziehung?

Liebe stellt sich Konflikten

Was wir in der Erziehung, wie in jeder gelingenden Beziehung brauchen, ist Liebe:

- Liebe, das heißt den anderen bedingungslos annehmen, ja zu ihm sagen
- Liebe ist kein Verhätscheln und keine Gefühlsduselei, kein Zuschütten mit Geschenken, kein grenzenloses »du darfst alles oder vieles«
- Liebe ist vor allem DA SEIN, heißt mitgehen mit den Kindern durch alle Erfahrungen, die ihnen das Leben schenkt oder auflädt
- Lieben heißt Konflikte austragen, ohne den Anderen abzuwerten
- Lieben heißt Fehler einsehen, zugeben und sich entschuldigen
- Lieben heißt freigeben, auch wenn es wehtut
- Lieben heißt aber auch, den Erziehungsweg als einen Prozess zu verstehen, den Väter, Mütter und Kinder gemeinsam gehen.

Wer erzieht wen?

Khalil Gibran schreibt:

»Eure Kinder sind nicht eure Kinder,
sie kommen aus der Sehnsucht des Lebens nach sich selbst ...
Ihr dürft ihren Leib behausen, doch nicht ihre Seele,
denn ihre Seele wohnt im Haus von Morgen, das ihr nicht zu betreten vermöget,
selbst nicht in euren Träumen,
ihr dürft euch bestreben, ihnen gleich zu werden,
doch suchet nicht, sie euch gleich zu machen,
Denn das Leben läuft nicht rückwärts, noch verweilt es beim Gestern ...«

Wenn wir diesen Text ernst nehmen, so sind es auch die Kinder, die uns erziehen. Und wir können sie auf ihrem Weg nur begleiten, so wie sie auch uns begleiten.

Meint Liebe nicht genau das? Liebevolle Begleitung, da sein, wo wir gebraucht werden, halten und loslassen können, Beispiel geben, echt sein, zu dem stehen, was wir sind und was wir können.

Die eigene Balance finden und Halt haben

Frisch geschlagene Baumstämme laden zum Balancieren ein. Mickie klettert mit Mühe auf das dicke Ende des vordersten Stamms. »Guck mal, wie hoch das ist!« Vorsichtig setzt sie Fuß vor Fuß. Der Vater geht neben ihr her, seine Hand ein Stück unter ihrer Hand.

Gemeinsam gehen sie bis zum Ende. Voll Freude springt Mickie herunter: »Ich hab's geschafft« strahlt sie. »Und wenn du runtergefallen wärst?« argwöhnt die große Schwester. »Dann hätte Papa mich aufgefangen«, antwortet Mickie ohne zu zögern und klettert auf den nächsten Stamm.

3. Woche

Werte

Freundschaften

 Wo gibt es noch Freunde?

»Ich möchte wohl«, antwortete der kleine Prinz, »aber ich habe nicht viel Zeit. Ich muss Freunde finden und viele Dinge kennen lernen.«

»Man kennt nur die Dinge, die man zähmt«, sagte der Fuchs. »Die Menschen haben keine Zeit mehr, irgendetwas kennen zu lernen. Sie kaufen sich alles fertig in den Geschäften. Aber da es keine Kaufläden für Freunde gibt, haben die Leute keine Freunde mehr. Wenn du einen Freund willst, so zähme mich!«

ANTOINE DE SAINT-EXUPÉRY

Kindheitserinnerungen

Können sie sich ein Leben ohne Freunde vorstellen? Zu den Kindheitserinnerungen der meisten Menschen gehören die Freunde oder der beste Freund/die beste Freundin ganz wesentlich dazu.

Schon im Kindergartenalter spielt der Wunsch einen Freund/eine Freundin zu haben eine große Rolle. »Daniel ist mein Freund«, sagt der kleine Max. Stolz und Freude klingen da heraus. »Keiner will mein Freund sein«, schluchzt ein anderes Kind unter dicken Tränen.

Vielleicht können wir als Erwachsene gar nicht mehr nachvollziehen, warum dies so wichtig ist. Wenn ein Kind in eine Kindergruppe kommt, verliert es die Sicherheit seiner Rolle im vertrauten Familienkreis, wo alle einander kennen. Auf einmal ist es nur noch ein Kind unter vielen. Und deshalb wünscht es sich, jemand zu finden, mit dem es jeden Tag reden, spielen, lachen und Blödsinn machen kann, eben einen Freund.

Freundschaften im Kindergartenalter wechseln noch häufiger. Die Kinder testen die Beziehungen spontan und suchen den, der am besten zu ihnen passt. In dieser Phase

haben die Eltern noch einen großen Einfluss, da sie das gemeinsame Spiel ermöglichen oder verhindern können.

Da ist viel Fingerspitzengefühl und Herz geboten. Denn Freunde sucht man nicht mit dem Verstand, sondern mit Gefühl. Auch wir hatten nicht immer die Freunde, die unsere Eltern uns wünschten.

Verlässliche Freunde

Je älter die Kinder werden, desto wichtiger werden die engen Freunde.

Kinder- und Jugendfreundschaften sind der schützende Rahmen, in dem das Kind die eigenen Vorstellungen von der Welt testen kann – wieweit Verbote und Gebote tragen, in dem es seine Grenzen ausprobiert, wo es schwärmen und trauern kann. Das erste Verliebtsein ist meist der Prüfstein unserer frühen Freundschaften. Überdauern sie auch diese Zeit, werden es oft Freundschaften fürs Leben, die halten, auch wenn man sich zeitweise aus den Augen verliert. Wenn eine Freundschaft Bestand hat, bringt sie eine Qualität in unser Leben, die wir nicht missen möchten.

Einen Freund zu haben bedeutet, einen Menschen zu kennen,
für den man mehr ist als nur einer unter vielen.

Freunde unserer Kinder werden

»Können Vater und Mutter zu Freunden ihrer Kinder werden? Viele Kinder verlassen ihre Eltern, um frei und unabhängig zu sein, und kehren selten zu ihnen zurück. Kehren sie zurück, so fühlen sie sich oft wieder wie Kinder und möchten deshalb nicht lange bleiben. Viele Eltern sorgen sich um das Wohl ihrer Kinder, nachdem sie von zu Hause weggegangen sind. Kommen ihre Kinder zu Besuch, so wollen sie wieder fürsorgende Eltern sein.

Eine Mutter kann aber auch die Tochter ihrer Tochter werden und ein Vater Sohn seines Sohnes. Ebenso kann die Mutter Tochter ihres Sohnes und der Vater Sohn seiner Tochter werden und alle zusammen Freunde. Es gehört zu den schönsten Erfahrungen im Leben, wenn Eltern ihren Kindern Bruder und Schwester werden und Kinder ihren

Eltern Vater und Mutter; wenn Bruder und Schwester Freunde sind und alle Mitglieder der Familie am Vatersein, Muttersein, Brudersein und Schwestersein je nach Zeit und Umständen teilhaben.«

HENRI J.M. NOUWEN

Freunde sein heißt: du bist mir wichtig

- Auf dich kann ich mich verlassen
- Mit dir gehe ich durch dick und dünn
- Deine Geheimnisse sind bei mir sicher aufgehoben
- Bei dir finde ich Rat und Hilfe, wenn's mal kritisch ist
- Du darfst und musst mir auch die unbequemen Wahrheiten sagen
- Wir sind gleichberechtigt, jeder bringt sich ein und darf auch nehmen

Und wenn wir älter werden ...

Auch später können wir in jedem Lebensalter neue Freundschaften schließen, doch sind die Kinderfreundschaften die Basis, in der wir gelernt haben, wie gleichberechtigte Beziehungen aussehen können. Eine Menge lebensbejahender Werte können auf diesem Boden wachsen und in späteren Beziehungen – Freundschaften, Partnerschaften, Familie – fruchtbar sein.

An-Sprüche II

In der Not lernst du deine wahren Freunde kennen.
Freunde bis in den Tod.
Mit ihnen kannst du Pferde stehlen.
Niemand ist größer als der, der sein Leben hingibt für einen Freund.

4. Woche

Das spürbare Du – Erotik und Sexualität

 Liebe in der Partnerschaft zweier Erwachsener hat viele Facetten: Erotik und Sexualität, Sehnsucht und Gefühl, Verständnis und gegenseitige Annahme. Manchmal erscheint es aber so, als seien Eltern für die Kinder a-sexuelle Wesen. Aber Eltern bleiben mit Kindern (hoffentlich) die Lebenspartner und Liebhaber, die sie vorher waren.

Denn Erotik und Sexualität waren doch meist mit im Spiel, als ich den oder die Partnerin meines Lebens aus den möglichen anderen auswählte. Erotik und Sexualität schaffen die Erfahrung des Einsseins jenseits aller egozentrischen Begrenzungen. Aus Erotik und Sexualität sind die Kinder erwachsen, und Erotik und Sexualität können auch die besondere Nähe zwischen den Partnern auszeichnen, die unabhängig von den Kindern ist.

Für Erotik und Sexualität sorgen

Oft ist es so, dass die neuen Aufgaben und Sorgen, überhaupt die vielfältigen Ansprüche und Erfahrungen, die mit den Kindern in eine Beziehung kommen, so übermächtig sind, dass für die Beziehung der Eltern kaum noch Raum bleibt.

Doch die Beziehung der Eltern bildet die Basis der Familie. Wenn sie zerbricht, leidet die Familie oder geht ganz auseinander. Deshalb ist es so wichtig, sich gerade in der Zeit, in der die Kinder noch klein sind, auch Zeiten füreinander zu gönnen. Neben den gemeinsamen Zeiten in der Familie können Großeltern, Freunde, Nachbarn, Babysitter einen freien Abend pro Woche, einen Tag oder ein Wochenende im Monat möglich machen.

Zum Ausprobieren: Babysitter-Gutscheine sind übrigens auch ein schönes Geschenk zur Geburt oder zur Taufe.

Vorbilder bilden

Kinder dürfen und sollen spüren, dass ihre Eltern sich lieben, sie dürfen auch mitbekommen, dass eine erotische Beziehung zwischen den Eltern besteht. Dies muss kein Zurschaustellen bedeuten. Positiv erlebte Zärtlichkeit, Flirten unter Partnern sind Vorbilder, wie sie als Erwachsene Sexualität und Familie lebensbejahend verbinden können.

Am Sabbat

Als wir einmal Informationen zum Sabbat zusammentrugen, erzählte ein britischer Rabbiner: »Am Sabbat sollen sich die Partner lieben. Sie sollen miteinander schlafen, ja der Sabbat möchte, dass sie intensive Zeit füreinander haben und ihre Liebe und Sexualität genießen. Gott möchte, dass die Menschen eins werden und dies heißt auch Sex haben.«
Ein christlicher Gesprächsteilnehmer sagte erstaunt: »Ich dachte dies fällt unter die Sabbat-Verbote.«
Der Rabbiner schmunzelte erst und lachte dann laut: »Ich dachte es mir doch, dass die Liebe bei den Christen unter die Arbeit fällt.«

5. Woche

Geschichten und mehr

Das Hohelied 3, 1–5

Nachtgedanken:

(Sie:) Nachts liege ich auf dem Bett und kann nicht schlafen.

Ich sehne mich nach ihm und suche ihn, doch nirgends kann mein Herz den Liebsten finden.

Ich seh mich aufstehn und die Stadt durcheilen, durch Gassen streifen, über leere Plätze –

ich sehne mich nach ihm und suche ihn, doch nirgends kann ich meinen Liebsten finden.

Die Wache greift mich auf bei ihrem Rundgang.

»Wo ist mein Liebster, habt ihr ihn gesehn?«

Nur ein paar Schritte weiter find ich ihn.

Ich halt ihn fest und lass ihn nicht los;

Ich nehm ihn mit nach Hause in die Kammer, wo meine Mutter mich geboren hat.

Ihr Mädchen von Jerusalem, lasst uns allein!

Denkt an die scheuen Rehe und Gazellen: Wir lieben uns, schreckt uns nicht auf.

Das Hohelied 8, 5b-7

(Sie:) Ich wünschte mir, dass du mein Bruder wärst,

den meine Mutter an der Brust genährt hat.

Dann dürfte ich dich unbekümmert küssen,

wenn ich dich auf der Straße treffe,

und niemand würde dann die Nase rümpfen.

Ich nähm dich mit zum Hause meiner Mutter;
Du könntest mich im Zärtlichsein belehren,
ich gäbe dir gewürzten Wein zu trinken
und meinen Most von den Früchten des Granatbaums.

Sein linker Arm liegt unter meinem Kopf,
und mit dem rechten hält er mich umschlungen.
Ihr Mädchen alle, ich beschwöre euch, dass ihr uns nicht in unsrer Liebe stört!

Du trägst den Siegelring an einer Schnur auf deiner Brust.
So nimm mich an dein Herz.
Du trägst den Reif um deinen Arm. So eng umfange mich.

Unüberwindlich ist der Tod: Niemand entrinnt ihm, keinen gibt er frei.
Unüberwindlich – so ist auch die Liebe, und ihre Leidenschaft brennt wie Feuer.

Kein Wasser kann die Glut der Liebe löschen, und keine Sturzflut schwemmt sie je hinweg.
Wer meint er könnte solche Liebe kaufen, der ist ein Narr.

Er hat sie nie gekannt.

Von den Kindern

Und ein Weib, das ein Kind an der Brust hielt, sagte: »Rede uns von den Kindern.«
Und er sprach also:
Eure Kinder sind nicht eure Kinder.
Es sind Söhne und Töchter von des Lebens Verlangen nach sich selber.
Sie kommen durch euch, doch nicht von euch;
Und sind sie auch bei euch, so gehören sie euch doch nicht.
Ihr dürft ihnen eure Liebe geben, doch nicht euere Gedanken,
Denn sie haben ihre eigenen Gedanken.
Ihr dürft ihren Leib behausen, doch nicht ihre Seele,

Denn ihre Seele wohnt im Hause von Morgen, das ihr nicht zu betreten vermöget, selbst nicht in euren Träumen.

Ihr dürft euch bestreben, ihnen gleich zu werden, doch suchet nicht, sie euch gleich zu machen.

Denn das Leben läuft nicht rückwärts, noch verweilet es beim Gestern.

Ihr seid die Bogen, von denen eure Kinder als lebende Pfeile entsandt werden.

Der Schütze sieht das Zeichen auf dem Pfade der Unendlichkeit, und Er biegt euch mit Seiner Macht, auf dass Seine Pfeile schnell und weit fliegen.

Möge das Biegen in des Schützen Hand euch zur Freude gereichen;

Denn gleich wie Er den fliegenden Pfeil liebet, so liebt Er auch den Bogen, der standhaft bleibt.

KHALIL GIBRAN

Vergesst ihr auch das Beste nicht?

Zwei Bauersleuten schenkte der Himmel ein Kind. Sonst aber hatten sie nicht viel vom Leben. Als sie einmal vom Felde nach Hause gingen, entdeckten sie eine Höhle, die sie zuvor nie beachtet hatten. In der Höhle saßen kleine Wichte an einer langen Tafel. Die zählten Gold.

Die Bauersleute klagten den Wichten, dass sie nur das Kind und sonst nicht viel zum Leben hätten. Ob sie nicht etwas von dem Gold abbekommen könnten.

Darauf sagte einer der Wichte:

»Kommt herein und was ihr nach draußen tragen könnt, gehört euch. Aber was ihr liegen lasst, ist für uns.«

Die Eltern stiegen in die Höhle und legten ihr Kind auf den Boden. Sie füllten sich die Taschen ihrer Kleider und Schürzen voller Gold, bis sie ganz krumm gingen. Und als sie damit hinaus gehen wollten, fragte einer der Wichte:

»Seid ihr sicher, dass ihr genug habt? Vergesst ihr auch das Beste nicht?«

Die beiden, indem sie Angst hatten, es könne ihnen wieder etwas genommen werden, antworteten: »Nein, nein, wir sind schon ganz zufrieden« – und traten schnell ins Freie. In dem Moment schnappte das Schloss hinter ihnen zu.

EIN NIEDERLÄNDISCHES MÄRCHEN, NACH GERHARD SCHÖNE

Die zurückgelassenen Kinder

Manchmal höre ich sie grölend durch die Häuserschluchten ziehn.
Manchmal seh ich sie an Wände ihre Höhlenzeichen sprühn.
Manchmal fallen sie wie Wölfe über Unschuldslämmer her.
Die zurückgelassnen Kinder, Schnauze voll und Augen leer.

Ihre Eltern aber sagen, wenn sie krumm gehen nach Gold:
»Wir tuns nur für unsre Kinder! Haben das Beste nur gewollt!«

Hinter Flipperautomaten spielen sie ums kleine Glück.
Blättern lustlos in den Pornos, immer Traurigkeit im Blick.
Ein Gefühl, beinah wie Hunger oder Heimweh, das sie packt.
Die zurückgelassnen Kinder. Ungetröstet. Splitternackt.

Hilflos rufen ihre Eltern. Doch die Drähte sind gekappt.
Sie waren gerade so beschäftigt, als die Türe zugeschnappt.

Manche gehen langsam unter. Andre steigen auf im Nu.
Drücken dir als smarte Herren skrupellos die Kehle zu.
Kein Gewissen kann sie bremsen bei der Schlacht ums große Geld.
Die zurückgelassnen Kinder, die sich rächen an der Welt.

GERHARD SCHÖNE

Was es ist

Es ist Unsinn
sagt die Vernunft

Es ist was es ist
sagt die Liebe

Es ist Unglück
sagt die Berechnung

Es ist nichts als Schmerz
sagt die Angst

Es ist aussichtslos
sagt die Einsicht

Es ist was es ist
sagt die Liebe

Es ist lächerlich
sagt der Stolz

Es ist leichtsinnig
sagt die Vorsicht

Es ist unmöglich
sagt die Erfahrung

Es ist was es ist
sagt die Liebe

ERICH FRIED

März

Die Zeit leben

1. Woche

Die Zeit

Kinder und Erwachsene erleben Zeit verschieden. Kinder sind in der Zeit, Erwachsene leben oft nach der Zeit. Kinder vergessen die Zeit. Sie spielen z.B. und sind einfach da. Sie leben jeden Moment. Sie können ganz versunken sein oder mit ganzer Kraft toben, springen und schreien.

Erst wenn Kinder in den Zeitrahmen der Erwachsenen einbezogen werden, bekommen sie ein ähnliches Zeitgefühl wie die Erwachsenen. Mit Kindergarten und Schule beginnt der Zeitrhythmus nach der Uhr.

Aber was ist Zeit? Ist Zeit gleich Zeit? Ist jede Minute gleich? Gibt es nicht quälende Sekunden? Oder sind lange Momente von Glückseligkeit nicht in Wirklichkeit sehr kurz?

Zeit ist relativ. Das wissen wir aus unseren Erfahrungen. Wenn wir zurückschauen, scheint vieles sehr kurz gewesen zu sein. Das was vor uns liegt, erscheint oft weit weg oder macht sogar eine Zeit lang Sorgen und Angst.

Was ist Lebenszeit?

Die Zeit, die vor uns liegt? Die hinter uns liegt? Die ganze Zeit? Der Mensch betrügt sich oft mit der Zeit. Er lebt eigentlich auf den Tod hin. Und doch tun wir so, als ob die wichtige Zeit noch vor uns liegt. In Wirklichkeit wird mit jedem Tag, den wir leben, unsere Zeit kürzer.

Der Zeit ins Auge sehen

Ein Trainingsfahrrad (Ergometer) wird zum Gleichnis.

Es gibt zwei Möglichkeiten, die Zeit einzustellen und die Zeit abzustrampeln. Einmal zeigt die Uhr am Anfang 0 und wir strampeln solange, bis 20 Minuten um sind. Der Übende hat dabei immer das Gefühl, dass die Zeit vor ihm liegt. Und er begreift die vor ihm liegende Zeit nicht als »Restzeit«, sondern als zu erledigende Zeit. So leben viele Menschen. Das Wesentliche kommt erst noch. Das Ziel liegt vor uns.

Eine andere Einstellung des Fahrrades beginnt bei 20 Minuten und endet mit 0. Dies spiegelt die wirkliche Lebenssituation wider, die wir aber nicht so gerne wahrnehmen wollen. Wir haben eine (unbekannte) Lebens-Zeit und davon haben wir bis Null (Tod) noch eine (ebenso unbekannte) Zeit vor uns.

Es wird deutlich, dass das Wichtige nicht irgendwann kommt, sondern einerseits war und immer wieder neu ist. Dies lädt uns ein – in jedem Augenblick – achtsam und bewusst zu leben.

Die Zeit, die du deiner Rose gewidmet hast, macht sie dir so wichtig ...

Die meisten Kinder wünschen sich eines am meisten: Eltern, die Zeit für sie haben. Zeit, miteinander zu spielen, Zeit, miteinander zu reden, Zeit, miteinander die Welt zu entdecken, Zeit, miteinander zu träumen.

Für das, was uns wichtig ist, müssen wir uns Zeit nehmen, sonst verlieren wir es.

Ein Rätsel

Manchen erscheint sie als eine gerade Linie, aber niemand kann sie einholen. Sie ist auch kein Kreis, denn keiner kann etwas wiederholen. Sie ist eine Spirale, die Linie und Kreis verbindet. Was ist das?

Zeitansagen

Wer der Zeit nachläuft, holt sie nicht ein.

Kinder leben zeitlos. Sie leben, wenn sie glücklich sind, im Augenblick.

Die Vergangenheit verfolgt uns, bis in die schlaflosen Nächte. Die Zukunft verführt uns, nicht da zu sein, wo wir jetzt sind. Die Gegenwart ist die kürzeste Zeit überhaupt. Wenn du die Gegenwart wahrnimmst, ist sie schon Vergangenheit.

Der denkende Mensch hat die Zeit erfunden. Vor dem Denken war keine Zeit. Es gab nur den gegenwärtigen Augenblick und die Gewohnheiten.

Das Göttliche selbst ist ohne Zeit. Die Ewigkeit ist jetzt, da wir zeitlos ganz gegenwärtig sind.

Alles auf der Erde hat seine Zeit ...

Alles auf der Erde hat seine Zeit,
geboren werden und sterben,
weinen und lachen,
einatmen und ausatmen,
wehklagen und tanzen
aufbauen und niederreißen
ernten und säen,
lieben und hassen.

AUS DEM PREDIGER SALOMO 3

2. Woche

Rhythmus

Jeder Mensch braucht einen Rhythmus, nach dem er lebt. Bis vor 200 Jahren prägten Arbeit und Natur diesen Rhythmus, dann änderte er sich grundlegend.

Der Mensch machte sich von der Natur unabhängig, lebte und arbeitete gegen seinen natürlichen Rhythmus. Mit den Maschinen, den Verkehrsmöglichkeiten, dem PC-Zeitalter kann der Mensch zu jeder Zeit an jedem Ort sein. Eine Zeit lang glaubten die Menschen an ihre unbegrenzten Möglichkeiten und dass sie auch die Natur und ihren Rhythmus grundlegend verändern könnten. Langsam erst setzt sich die Erfahrung durch, dass der Mensch seinen Rhythmus nur mit der Natur finden kann, denn er ist ein Teil dieser Natur.

Die Grundlage des Rhythmus

Die Sonne und die Bewegung der Gestirne bilden die Grundlage des Ablaufes unseres Lebens. Da wechseln sich Tag und Nacht und somit hell und dunkel, wach sein und schlafen ab. Dieser grundlegende tägliche Rhythmus wird durch persönliche Gewohnheiten und Verpflichtungen ausgefüllt. Zu den Verpflichtungen gehören Kindergarten, Schule und Arbeit. Nachtarbeit oder Schichtarbeit verändern diesen natürlichen Lebensrhythmus und machen auf Dauer oft krank.

Da die Arbeit und auch die Schule sehr prägend sind, verzichten viele Menschen heute bewusst auf weitere feste Gewohnheiten in ihrem Alltag. Gemeinsame Mahlzeiten gibt es vielleicht einmal am Tag. Die ins Bett-Geh-Zeiten sind für Kinder oft nicht regelmäßig. Stattdessen haben sich neue Gewohnheiten eingeschlichen. Es gibt Fernsehsendungen, die den Rhythmus einer Familie mitbestimmen oder Vereinstermine oder Schulveranstaltungen oder Freizeitaktivitäten. Da sie sich verändern, verändert sich auch ständig der Familienalltag.

Doch je kleiner Menschen sind, desto notwendiger und hilfreicher sind für sie überschaubare Rhythmen und Strukturen.

Wer lange die Trommel schlägt, kann auch den Rhythmus verändern ...

So lautet ein Sprichwort. Wer als kleiner Mensch einen klaren Rhythmus und eine eindeutige Struktur erfahren hat, hat einen inneren Grundrhythmus. Und wer ein Gefühl für Rhythmus hat, kann ihn bewusst ändern und gestalten.
Das Beispiel mit der Trommel ist im doppelten Sinne hilfreich. Auch die Einübung eines musikalischen Rhythmus, d.h. das Erlernen eines Musikinstrumentes, wirkt sich fördernd auf den Alltag aus.

Von den kleinen und großen Rhythmen – the Beat goes on

Der Rhythmus des Lebens ist in kurzer Zeit immer schneller geworden. In meiner frühen Jugend kann ich mich noch gut an die Zehntel bei Olympiaden erinnern. Heute zählen hundertstel und tausendstel Sekunden. Der immer schnellere und peniblere Zeitrhythmus jagt die Menschen. Der Mensch bestimmt kaum noch die eigenen Zeitabläufe. Sie sind ihm von Maschinen und Computern vorgegeben. Und wo es möglich wäre, fehlt dann meist die Gelassenheit, mit der Zeit förderlich umzugehen.
Ich erinnere mich noch an meine Fahrschülerzeit. Der Bus startete in unserem Ort und fuhr pünktlich langsam los – bis er die Hauptstraße kreuzte. Dann schaute der Fahrer (genüßlich), wer noch angerast kam und öffnete die Türe. Dabei fuhr er ganz langsam weiter. Wir sprangen in den Wagen und wurden immer mitgenommen. –
Unsere Töchter erleben die Schulbusse zumeist anders. Egal ob zu früh oder zu spät, sie fahren eher durch. Nur die Freundlichkeit einiger Fahrer schenkt hier und da einen anderen Umgang mit der Zeit und den Menschen.
The beat goes on, die Uhr schlägt unbarmherzig weiter und der Mensch nimmt ihren Rhythmus an.

Zum Ausprobieren: Leben sie mal einen Tag oder mehrere Tage ohne Armbanduhr, so wie Kindergartenkinder dies tun. Es gibt genug Uhren um sie herum. Versuchen sie es zumindest einmal im Urlaub.

Natürliche Rhythmen beruhigen

Wer hat noch nicht am Meer gesessen und Ebbe und Flut gelauscht? Mir schenkt dieses Lauschen Ruhe. Mein Herzschlag und Atem stellen sich auf das Kommen und Gehen der Wellen ein. Ich merke, wie meine Anspannungen sich lösen.
Ähnlich gerne höre ich den Rhythmen des Regens, des Wasserfalls, des Brunnens, des Windes und des Sturmes – und auch des Gewitters zu. Manchem macht das Gewitter Angst, mir auch – und trotzdem bin ich von ihm gleichzeitig fasziniert. Vielleicht auch deshalb, weil der Klang, der Sound sich fortwährend ändert.

Zum Ausprobieren: Ein kleiner Brunnen im Garten oder im Zimmer schafft einen eigenen Rhythmus, einen eigenen Klang.
Ein Windspiel in der offenen Tür erzählt vom Rhythmus des Windes.

Die Woche, der Ruhetag und der Sabbat

Die Woche besteht aus einem 7-Tage-Rhythmus und davon ist ein Tag ein Ruhetag. Das Recht auf diesen absolut freien Tag war eine große Errungenschaft für den Menschen. Dies wird in der jüdischen Tradition noch viel ernster genommen als in unserer christlich geprägten Gesellschaft. Der Tag gehört bei uns nicht mehr dem Ausruhen und dem Dank, sondern dient der Gestaltung von Freizeit, von Besuchen, von Aktivitäten. Meist ist dies genauso stressbesetzt wie die Arbeit.
Unsere Wurzeln liegen aber auch im Ausruhen, im Nichtstun. Dies gilt es im positiven Sinne (wieder) einzuüben. In der jüdischen Tradition des Sabbat haben alle frei, niemand kocht Essen – es ist schon vorbereitet, niemand darf – außer im Notfall – arbeiten, Schulaufgaben sind tabu. Es ist letztlich ein Inseltag, ein Tag für die Beziehungen untereinander.

Jahreszeiten

Ein Tag ist nicht wie der andere. Jeder Tag verändert sich mit der Tag- und Nacht-länge. Daraus entstehen die Jahreszeiten. Die Natur wächst und gedeiht bei länger werdenden Tagen, die Helligkeit nimmt zu. Wenn der Höhepunkt überschritten ist und die Tage kürzer werden, beginnt die Natur ihre Entfaltung und ihr Wachstum einzuschränken und letztlich einzustellen. In den bäuerlichen und handwerklichen Kulturen war (und ist) dies die Zeit, in der weniger zu tun war und in der Rückschau, Bestandsaufnahme und Vorbereitung auf das nächste Jahr in Ruhe möglich war. Der Winter mit seinen kurzen Tagen lud ein, mehr zu schlafen. Regeneration war angesagt. Heute können wir den Winter hell machen und die Nacht zum Tage. Der natürliche Rhythmus der Jahreszeiten wird aufgehoben. Vielleicht wäre es aber für Kinder, Kranke, ältere Menschen eine Chance, mehr dem jahreszeitlichen Rhythmus zu folgen. Vielleicht ergäbe dies gesündere Menschen.

Was spricht eigentlich gegen einen späteren Schulbeginn im Winter von 30–45 Minuten, außer das manche (wirtschaftlichen) Gepflogenheiten sich wieder nach dem Menschen richten müssten?

3. Woche

Rituale

 Menschen brauchen Rituale. In meiner Generation waren zu Beginn der Siebzigerjahre viele Rituale fragwürdig geworden. Alte Gewohnheiten wurden über Bord geworfen, alte Zöpfe abgeschnitten. Dabei haben wir allerdings das Wesen der Rituale und ihre Inhalte vermischt. Was eigentlich störte, waren nicht die Rituale selbst, sondern ihre äußere Form und ihre Inhalte. Heruntergespulte Tischgebete, Lieder und Aufstehen zum Schulbeginn, der gemeinsame Gruß gegenüber der Lehrerin, sonntags Mittagessen um 12 Uhr oder der obligatorische Sonntagsspaziergang sind nur ein paar Beispiele. Die Rituale waren starr und oft provozierend selbstverständlich.

Dass Rituale hilfreich und notwendig sein können, verdeutlicht sich erst, wenn das Wesen und die Chancen der Rituale klar werden:

Rituale sind nichts anderes als wiederkehrende Gewohnheiten, die nicht immer wieder neu festgelegt werden müssen. Sie behalten ihren Sinn, solange alle damit einverstanden sind.

Ein Beispiel: Es ist anstrengend immer wieder daran zu erinnern, dass die, die schon am Esstisch sitzen, nicht schon anfangen zu essen, sondern aufeinander warten. Wenn immer mit einem gemeinsamen Händekreis begonnen wird, braucht darüber nicht diskutiert zu werden. Das Ritual erspart in diesem Falle Diskussion, Nerven und Energie. Gleichzeitig schenkt es Sicherheit und Informationen. Jeder weiß, was auf ihn zukommt und dies ist gerade für kleine Kinder wichtig.

Ein anderes Beispiel: Kommt z.B. der Stuhlkreis am Ende des Kindergartenmorgens, wissen alle Kinder: »Gleich werde ich abgeholt.«

Rituale sind prägend

Nicht alle Rituale sind in der Erinnerung fragwürdig. Vielleicht halten sie einmal inne und überlegen, welche Rituale ihnen im Nachhinein noch in Erinnerung sind und welche ihnen gut getan haben.

Einige Erinnerungen meinerseits:

- im Winter die Dämmerstunde mit Zwielicht und Bratapfel,
- Kinderfunk hören am Sonntag (unvergessen ist Kalle Blomquist – der Meisterdetektiv, später hörte ich heimlich die Hitparade von Radio Luxemburg),
- die (leider seltene) sonntägliche Spazierfahrt mit Wanderung und Picknick,
- Plätzchen backen/riechen/naschen im Advent,
- der Oktobermarkt (Heimatfest) mit einer Rostbratwurst,
- die warme Fleischwurst einmal in der Woche,
- der Schulausflug und die täglichen Schwimmbadbesuche bei gutem Wetter mit den Kindern aus unserer Straße.

Drei Grundregeln für Rituale

1. Dem Ritual liegt ein erkennbares (gemeinsames) Interesse zu Grunde.
2. Rituale bedürfen der gegenseitigen Anerkennung und gelten nur solange sie für alle sinnvoll sind.
3. Sie werden miteinander vereinbart (auch ohne Worte) und können verändert werden.

Wie viel Ritual braucht der Mensch?

Manche mögen gerne klare Strukturen und immer wiederkehrende Abläufe. Sie fühlen sich dann sicher. Kleine Kinder profitieren von dieser Regelmäßigkeit. Große Kinder schränkt dies ein. Zuviel Rituale verstärken Zwanghaftigkeit, zu wenig Rituale fördern Beliebigkeit und ein unkonstruktives Maß an Chaos. Wenn in einer Familie jeder heimkommt, wann er will, geschieht kaum noch Begegnung. Müssen alle zur selben Zeit da sein, ist die Freiheit stark eingeschränkt.

Rituale brauchen ein Maß und orientieren sich an den Bedürfnissen aller. Dies kann auch bedeuten, dass eine/r sich (eine Zeit lang) zurücknimmt. Wie viel Ritual wirklich gebraucht wird, kann nur im Miteinander entdeckt werden.

Rituale sind wie Bäume – sie haben alte Wurzeln, treiben neue oder vertrocknen

Es gibt Rituale, die haben von alters her Bestand. Es gibt immer Familientraditionen, z.B.: Alle treffen sich einmal im Jahr oder: Großvater lädt am ersten Weihnachtsfeiertag zum Mittagessen ein oder: bei Geburt eines Kindes wird im Dorf eine Wäscheleine mit Kindersachen gespannt. Andere Rituale verschwanden spurlos, z.B. das Baden in der Wanne am Samstagnachmittag oder die klassische Sportschau.
Es gibt auch Rituale, die erwachsen in jeder Familie neu, ohne dass viel dazu getan werden muss. Einige Beispiele: Eltern und Kinder sehen gemeinsam die »Sendung mit der Maus« oder: es gibt Mama-/Papa-Tage einmal im Monat (ein Kind hat einen Elternteil an einem Nachmittag für sich allein und macht etwas besonderes mit ihm) oder: der jährliche Besuch des Weihnachtsmarktes und der Kauf von heißen Maronen ...!

Rituale – Anregungen für zeitgemäße Rituale

Das verbreitetste Ritual mit Kindern ist der Ablauf des ins Bett-Bringens am Abend. Dieses Gute-Nacht-Ritual ist für Kinder, Väter und Mütter hilfreich. Es kann erzählt werden, Gespräche finden statt, der Tag wird verarbeitet, das Einschlafen vorbereitet. Weitere Ideen und Anregungen:
- das gemeinsame Essen einmal am Tage gestalten,
- gemeinsam regelmäßig kochen oder backen,
- die Schuhe miteinander putzen,
- ein regelmäßiger Spieleabend,
- waschen, Zähne putzen, frühstücken,
- einmal im Monat ins Kino gehen.

4. Woche

Verlangsamung

 Die Schnelligkeit hat die Menschen von je her fasziniert. Aber die Schnelligkeit hat zwei Seiten. Eine Seite fördert uns: Wir können schnell reisen, wir können schnell Hilfe herbeirufen, wir kommen schnell an Informationen, ... Eine andere Seite der Schnelligkeit hindert uns am Leben, weil wir uns immer schneller umstellen und noch schneller mehr lernen sollen.
Wenn Sie die Entwicklung der letzten Jahre vor Augen haben, wird meine persönliche kleine Schilderung die Schnelligkeit dieser Entwicklung verdeutlichen. Letztlich ist sie nicht umkehrbar. Aber wir können selbst bestimmen, wie schnell wir daran teilnehmen und wo wir anhalten, innehalten und aussteigen.

In gut vierzig Jahren

1958 hatten in der kleinen Stadt, in der ich lebte, vielleicht 5 Leute einen Fernseher. Um dieselbe Zeit tauchten die Plattenspieler auf, die man an die Radios anschließen konnte. In den Sechzigern kamen die Hi-Fi-Geräte auf den Markt und dann ging es Schlag auf Schlag. Farbfernseher, die ersten Apple-Computer Ende der Siebziger, CDs; Handys, Internet, ... Die Entwicklungsgeschwindigkeit nahm zu. Haben wir Menschen diese Entwicklung verkraftet? Bestimmt sie uns, bestimmen wir mit, gestalten wir mit? Solche Entwicklungen haben immer Licht- und Schattenseiten. Fördern sie das Leben oder hindern sie am Leben? Dies muss im Einzelfall konkret gefragt werden. Die totale Verweigerung ist selten eine Lösung. Hilfreich ist es diesen gesellschaftlichen Prozess bewusst wahrzunehmen und die Entwicklung – im eigenen Bereich – zu verlangsamen. Verlangsamung heißt, sich und anderen Zeit geben, um sich auf die Wandlungen einzustellen. Der ganze Mensch – Leib, Seele, Geist und die spirituelle Ebene des Seins – möchten sich in diesen Prozessen entfalten und dies können sie nur, wenn sie Zeit haben. Alles auf der Erde braucht seine Zeit ...

Die erste Reise

Ein Indianer fährt zum ersten Mal mit der Eisenbahn. Nach einer Stunde hält der Zug an der nächsten Haltestelle. Der Indianer steigt aus und lässt den Zug weiterfahren. Er setzt sich neben das Gleis und hält sein Ohr an die Schiene. Ein Angestellter kommt sofort und stellt ihn zur Rede. Der Indianer antwortet: »Ich bin schnell gereist. Mein Körper ist schon hier. Ich warte nun, dass meine Seele nachkommt.«

Ein normales Gespräch

Der Lehrer sagt zur Mutter: »Machen Sie sich keine Sorgen um Christian. Er ist ein klassischer Spätentwickler.« Christian hört das und sagt trotzig: »Ich bin kein Spätentwickler. Ich lasse mir nur mehr Zeit.«

An-Sprüche

Wer zu schnell fährt, kommt leicht aus der Bahn.
Wer immer schnell weg ist, kommt nie da an, wo er ist.
Wer schnell isst, hat keinen Geschmack.

Wo ist Verlangsamung sinnvoll?

Mir helfen zwei Weisheiten, den Alltag gelassen zu gestalten. Und wenn ich gelassen arbeite, dann bin ich langsamer, aufmerksamer, sorgfältiger und kreativer. Entspanntes und langsames Lernen ist leichter und ergiebiger als der Versuch, möglichst schnell und viel in den Kopf zu kriegen. Das bei letzteren aktivierte Kurzzeitgedächtnis sollte nur mit unwichtigen Dingen für kurzfristige Arbeiten genutzt werden. Wirklich Wichtiges verankert sich so nicht in uns.
Verlangsamen heißt: Wichtiges von Unwichtigem zu trennen, es zu vereinfachen und an eigene Lebenserfahrungen anzudocken.

Zwei Weisheiten

Weniger ist mehr.

Tue erst das unbedingt Notwendige, dann das Mögliche und das Unmögliche geschieht.

FRANZ VON ASSISI

Eutonie – Bewusstwerdung und Veränderung durch Verlangsamung

Eutonie ist beispielsweise eine Schule der Körperarbeit, die mit dem Prinzip der Verlangsamung und der Bewusstheit arbeitet und Heilungsprozesse in Gang setzt.

Zum Ausprobieren:
Heben Sie einen Arm, bis die Fingerspitzen zum Himmel zeigen. Senken Sie ihn wieder ab. – Was haben Sie beim Heben gespürt? – Nichts, viel, wenig?
Heben Sie den Arm noch einmal und zwar so langsam, dass Ihr Bewusstsein der Bewegung folgen kann. Senken Sie den Arm, von den Fingerspitzen geführt, wieder ab. – Was ist Ihnen jetzt von der Bewegung bewusst? Wie fühlen Sie diesen Arm jetzt? Vergleichen Sie ihn dazu mit der nicht bewegten Armseite. Gibt es Unterschiede? – Zum Ausgleich erfolgt die Bewegung genauso aufmerksam mit dem zweiten Arm.
Sie können in dieser kleinen Übung die Wirksamkeit der Verlangsamung entdecken

5. Woche

Geschichten und mehr

Pu der Bär

T/M: Siegfried Macht

Strophe

Ich lie - ge gut und ich lie - ge schwer.

Das Lie - gen liegt mir e - ben sehr. Ich fühl mich wohl und das

im - mer - zu und mit ei - nem lan - gen Pu.

2. Ich hab beim Schlafen den schönsten Traum.
   Ich hol den Honig vom höchsten Baum.
   Ich schaff da schon und in aller Ruh
   und mit einem langen »Puuuuuuuuuuuuh!«
   – Refrain –

3. Ich mach beim Brummen den schönsten Ton
   ich bin beim Tanzen die Sensation.
   Ich fühl mich wohl und das immerzu
   und mit einem langen »Puuuuuuuuuuuuh!«
   – Refrain –

4. Ich hab 'nen Freund und der hat mich gern.
   Er nennt mich auch seinen Lieblingsbärn,
   krault mir das Fell in aller Ruh –
   ach, ist das schön, ich sag nur: »Puuuuuuuuuuuuh!«
   – Refrain –

Die Uhr

Danke für diese eine Stunde!

Mein Großvater kann die Uhren langsamer stellen. Er kann das, denn er ist Uhrmacher und besitzt sehr viele große und kleine Uhren. Wenn ich zu Besuch bin, darf ich ihm beim Aufziehen helfen, weil keine einzige seiner vielen Uhren, die die Zimmer in seinem Häuschen füllen, eine Batterie hat. Das ist immer sehr schön, weil mir Großvater dann genau erklärt, wie die Uhren die Zeiger bewegen, wie mein Vater »Sieben Geißlein« spielen wollte und dabei mit der großen Standuhr fast umgekippt wäre, und was mein Vater sonst noch alles als Kind angestellt hat.

Diesmal hat Großvater nichts erzählt, sondern gesagt:

»Heute stellen wir die Uhren langsamer – aber das bleibt unser Geheimnis!«

Ich konnte mir gar nicht vorstellen, was das bedeutet und schaute neugierig zu. »Aber die Zeit läuft doch genauso schnell weiter«, sagte ich. Großvater lächelte und zwinkerte mit dem linken Auge. Das machte er immer, wenn ihm eine geniale Idee gekommen war. »Wirst sehen, dass es funktioniert«, antwortete er.

Dann kochte Großvater Tee und ich deckte den Tisch, weil gleich Vater kommen würde, um mich abzuholen. Schon klingelte es und mein Vater stand in der Tür.

»Hast du deine Sachen gepackt, Junge?« fragte er. »Wir müssen gleich nach Hause.« »Nicht so hektisch Hermann!« sagte mein Großvater.

»Für ein Tässchen Tee wird ja wohl noch Zeit sein.« Die Standuhr in der Stube schlug viermal. »Erst vier«, staunte Vater. »Da bin ich ja heute recht früh dran. Also gut, ein Stündchen Opa! Aber nicht länger.«

Opa zwinkerte mir zu. Und plötzlich verstand ich ... Wir setzten uns an den runden Tisch, Großvater goss Tee ein und stellte Gebäck hin. »Hat Sie nicht einen wunderschönen Klang?« fragte mein Großvater.

»Was? Wie?« sagte mein Vater zerstreut. »Ach so, deine Standuhr. Sie ist ein Prachtstück.« »Opa erzähl doch die Geschichte, als Papa stets siebtes Geißlein spielen wollte!« bat ich. Großvater erzählte diese Geschichte nun schon zum hundertsten Male, was meinen Vater zum Stöhnen brachte. Aber Großvater ließ sich nicht davon abbringen. Als die Uhr Viertel nach Vier schlug, war er gerade dabei zu beschreiben, wie mein Vater mit sechs Jahren die Uhren der Kunden auseinander genommen hatte.

»Was meinst du, wie lange ich brauchte, die vielen Räder und winzigen Schrauben zu sortieren.

Aber was so ein richtiger Uhrmacher ist ...« Großvaters Augen strahlten und er kramte eine Geschichte nach der anderen heraus ... Als die Uhr fünf schlug, standen wir auf. »Es war schön Opa«, sagte ich und mein Vater mahnte: »Auf, auf, wir müssen jetzt aber los!« Er stand dabei schon in der Tür. Plötzlich machte er ein finsteres Gesicht. »Vater, wie spät ist es?« fragte er meinen Großvater. »Aber das siehst du doch mein Junge.« »Und ob ich es sehe: Auf der Kirchturmuhr ist es sechs, auf meiner Armbanduhr ist es sechs – und auf deinen verdammten Uhren ist es fünf!« »Ach weißt du, Hermann, im Alter gehen die Uhren langsamer.« Dabei lachte er, dass tausend kleine Fältchen um seine Augen spielten.

»Du hast doch nicht etwa ...« Vater schnappte nach Luft »- deine Uhren langsamer ...« »Reg dich nicht auf mein Sohn«, sagte Großvater. »Irgendwann bleiben meine Uhren stehen. Da gönn mir doch, dass die Zeit für mich auch einmal langsamer abläuft. Ich danke meinem Herrgott für diese eine lange Stunde!«

Da konnte selbst Vater nichts mehr sagen.

Herr meiner Stunden (Gebet)

Herr meiner Stunden und meiner Jahre,
du hast mir viel Zeit gegeben.
Sie liegt hinter mir, und sie liegt vor mir.
Sie war mein und wird mein.
Ich danke dir für jeden Schlag der Uhr
und für jeden Morgen, den ich sehe.

Ich bitte dich nicht,
mir mehr Zeit zu geben.
Ich bitte dich aber,
dass ich mit Gelassenheit
jede Stunde füllen kann.

Ich bitte dich,
dass ich ein wenig dieser Zeit
frei halten darf von Befehl und Pflicht,
ein wenig für die Stille,
ein wenig für die Menschen
am Rande meines Lebens,
die einen Tröster brauchen.

Ich bitte dich um Sorgfalt,
dass ich meine Zeit nicht töte,
nicht vertreibe, nicht verderbe.
Jede Stunde ist ein Streifen Land.
Ich möchte ihn aufreißen mit dem Pflug.
Ich möchte Liebe hineinwerfen,
Gedanken und Gespräche,
damit die Frucht wächst.
Segne du meinen Tag.

INSCHRIFT AUF EINER ALTEN KIRCHENUHR

1. Woche

Geboren werden

Geboren werden ist der Anfang unserer eigenverantwortlichen Reise. Wer selbst die Geburt eines Kindes miterleben durfte, ist sicherlich angerührt und hat ein kleines – oder war es nicht vielmehr ein großes? – Wunder miterlebt.

Im Gebären, im Miterleben der Geburt und im Geborenwerden kann der Mensch das ganze Drama menschlicher Existenz erfahren. Trotz aller medizinischen Versorgung und Betreuung bleibt das Geburtsgeschehen auf der Schwelle zwischen Leben und Tod. Es ist nicht selbstverständlich, dass alles unkompliziert abläuft, dass das Kind gesund ist, dass das Kind in eine zufriedene und erwartungsfrohe Umgebung hineingeboren wird, dass das Kind seine Chance hat und wahrnehmen kann.

Leider habe ich mehr als einmal von Kindern Abschied genommen, habe ich die Eltern und Kinder als verwaist erlebt und Ohnmacht, Fassungslosigkeit, unendlichen Schmerz und auch verständliche Wut und Enttäuschung geteilt. Geboren werden, ja eigentlich gezeugt werden, heißt die Lebensreise anzutreten, die durch den Tod führt und ihn beinhaltet.

Geboren werden als spirituelle Erfahrung

Die Geburt ist eine der großen spirituellen Erfahrungen für das Kind und die Eltern. Das Kind löst sich (gezwungener Maßen) aus der Einheitserfahrung mit der Mutter. Äußere Anlässe drängen es mehr oder weniger sich einen neuen Raum zu suchen. Eine Ärztin beschrieb dies so: »Verlassen sie einmal nackt einen warmen, kleinen Iglu. Sie sind ab diesem Moment auf den Kontakt, die Zuwendung der anderen angewiesen.« Erwachsene Menschen suchen oft unbewusst die Einheitserfahrung wieder, die sie im Mutterbauch erlebt haben. Sie haben die Erinnerung an ein ozeanisches Bewusstsein, in dem sie aufgehoben waren. Freddie Mercury (Queen) beschreibt es in einem seiner

letzten Songs vor dem Tod: »Mama please, let me back inside« (Mother Love aus der CD »Made in heaven«). Es ist eine unserer Lebenschancen oder Aufgaben, diese alte Sehnsucht zu verwandeln in eine jetzt tragfähige spirituelle Sehnsucht. Niemand kann zurück, nichts können wir wiederholen.

Die spirituelle Erfahrung der Eltern liegt in der Schwellenerfahrung von Tod und Leben, die (fast) immer bewusst oder unbewusst mit Erschrecken und Faszination, mit Schmerz und Freude, mit Angst und Erfüllung verbunden ist. Daneben werden alle Sorgen und Ziele des Alltags klein und unbedeutend.

Der Atemhauch der Schöpfung

In der biblisch-jüdischen Tradition gibt es ein wunderbares Bild für das spirituelle Geschehen der Geburt. Am Anfang der Bibel haucht Gott dem Menschen seinen Atem ein. Das hebräische Wort für Atem, das dafür gebraucht wird, ist weiblich und heißt *ruach*. Die »ruach« bedeutet aber nicht nur Atem, sondern auch Geist, Energie, Kraft, Windhauch. Der heilige Geist in der christlichen Tradition ist nichts anderes als dieser Atemhauch der Schöpfungskraft. Was dem Kind also eingehaucht wird, ist der göttliche Atem, die Lebenskraft Gottes. Mit jedem Atemzug – so ist die Vorstellung – ist der Mensch also mit dem Göttlichen verbunden. Im Menschen wirkt die göttliche Lebensenergie Atemzug um Atemzug.

Die Kraft des Atemhauches

Wenn es am Bienenstock zu kalt wird, aber die Bienen noch draußen sind, lässt sie die Kälte erstarren. Imker setzen dann einzelne Bienen auf ihre Hand und hauchen sie solange an, bis die Bienen wieder warm und voller Energie sind. Das gefühlvolle Anhauchen ist der wärmste Atem, den es gibt.

Zum Ausprobieren: Hauchen sie sich in die Hand. Spielen sie mit der unterschiedlichen Kraft des Atems.

Eine chassidische Geschichte

Bevor der Mensch gezeugt wird, führt der Engel den ungeborenen und ungezeugten Menschen über die Erde und der Mensch darf sich seine Eltern aussuchen. Dabei sieht er seine ganzen Lebenschancen vor sich und entscheidet sich für seine Eltern. Dann schlägt der Engel ihm vor die Mitte der Stirn und der ungezeugte Mensch vergisst alles, was er gesehen hat. Er wird dann gezeugt, geboren, lebt, stirbt ... Seine Lebensaufgabe, seine Lebenschance liegen in ihm verborgen. Das Leben ist ein Sich-Erinnern an die eigenen Fähigkeiten und an die Ur-Quelle.

Mir gefällt an dieser Geschichte, dass das Kind zwar eine Geschichte mit den Eltern hat, dass es aber auch die Verantwortung für diese gemeinsame und eigene Lebens-Geschichte trägt.

Leiberfahrungen – Krank sein – Gesund sein

»Gesundheit und Erfolg zum neuen Jahr.« »Das wichtigste ist Gesundheit.« Dies sind Worte, die wir oft zu hören bekommen. Gesundheit scheint eine der notwendigen Wurzeln des Lebens zu sein. Wer krank ist hat weniger vom Leben, oder?

Nun gibt es unterschiedliche Formen des Krankseins: lästige Krankheiten, z.B. Schnupfen; oder existenzielles Kranksein, z.B. Krebskrankheiten; schmerzhafte und chronische Krankheiten, z.B. Rheuma. Oder gibt es gar auch angenehme Krankheiten, damit ich dann nicht ins Büro oder in die Schule muss?

Was ist Kranksein?

Es gibt mehrere Sichtweisen von Krankheit:

- Krankheit ist eine Störung, die bekämpft und besiegt werden muss
- Krankheit zeigt eine Störung an; die Krankheit, z.B. das Fieber, will heilen
- Krankheit ist eine Lebens-Krise und damit eine Entwicklungschance

Und was ist Gesundheit?

Auch hier einige Sichtweisen:

- Gesundheit ist eine störungsfreie Lebenssituation
- Gesundheit bedeutet, dass der Mensch gut funktioniert und reibungslos arbeiten kann
- Gesundheit bedeutet, meine Möglichkeiten leben zu können
- Gesundheit braucht Kranksein, denn sonst wird auf Dauer der Mensch geschwächt

In jeder Sichtweise steckt mehr oder weniger Wahrheit und immer auch Sehnsucht. Wer möchte schon schwerwiegend erkranken?

Vielleicht gehören gesund und krank sein zusammen, vielleicht liegt in ihnen ein Wechselspiel verborgen, das uns heil macht.

Heil sein

Krank sein und gesund sein sind nicht die endgültigen Befindlichkeiten des Lebens. Wesentlicher als gesund sein oder krank sein ist das Heil-sein. Bin ich, so wie ich bin, ein heiler Mensch?

Es gibt unzählige Menschen, die schwer erkrankt oder sehr gehandicapt sind, aber sie sind heil. Sie sind mit sich und mit ihrer Umgebung in einem grundsätzlichen Einklang. Dies bedeutet nicht, dass es keine Ängste, keine Wut, keine Enttäuschung oder Einschränkungen gibt. Sondern diese Menschen haben den Weg gefunden, im gegenwärtigen Augenblick bewusst und dankbar zu leben. Sie leben nicht den Mangel, der durch eine Krankheit (z.B. Parkinson) entsteht, sondern sie versuchen die Fülle ihrer Möglichkeiten zu leben. Ich erlebe, dass diese Menschen oft mehr Fülle gestalten, erfahren, schenken, als scheinbar Gesunde. Sie wissen um das Wesentliche in ihrem Leben.

Leiberfahrungen

Wir Menschen neigen gerne dazu Körper, Geist und Seele zu trennen, besonders dann, wenn es uns nicht gut geht. Dann gibt es rein somatische (körperliche) Kopfschmerzen, rein psychische Migräne und der müde Geist, der depressiv wird, wird zum »positiven Denken« aufgefordert.

Nun sind wir Menschen ein Ganzes mit verschiedenen Aspekten und Teilen, die alle zusammenwirken. Wenn ein Teil leidet, leidet der ganze Mensch. Nicht der Kopf tut weh, sondern mir tut der Kopf weh. Nicht der Bauch wurde operiert, sondern ich wurde operiert. Nicht der Zahn schmerzt, sondern ich bin voll Schmerzen. Nicht der Arm ist gebrochen, sondern ich habe einen gebrochenen Körper. Wir machen im Kranksein Leiberfahrungen umfassender Art. Geist, Seele und Körper beeinflussen sich in jeder

Hinsicht gegenseitig. »Ich bin krank«, darf es heißen. Genauso wie: »Ich bin glücklich« und »Ich bin gesund«, – dies sagen wir doch gerne und ganzheitlich.

Wenn es zu viel ist, erwischt es mich

Wer kennt dies auch? Das ganze Jahr hatte ich gut funktioniert. Ich hatte viel zu tun. Doch innerlich merkte ich, wie ich abbaute. Ich hatte keine Zeit zur Regeneration und konnte jetzt nicht krank werden. Dann erwischte es mich. Wie so oft bekam ich im November (welcher Monat ist es bei Ihnen?) eine heftige Grippe.
Ich war körperlich und seelisch ausgepowert, dann musste/durfte ich – guten Gewissens – ins Bett. Ich hatte Zeit zum Innehalten und – die Welt ging ohne meine Arbeit weiter. Und ich war gar nicht so unentbehrlich, wie ich dachte.
»Dies ist ja schrecklich«, werden einige sagen. Ich aber fand es – nach einigen Mühen – entlastend und hilfreich. Und – ich habe meinen Rhythmus menschenfreundlicher geändert.

Arztkosten – einmal anders

Im alten China wurde der Arzt nur bezahlt, wenn der Patient gesund war. Also war das Interesse des Arztes die Gesunderhaltung des Patienten. Machte der Patient bei der Gesunderhaltung nicht mit, musste er vielleicht das Doppelte zahlen.

Anregung für uns: Was kann ich, wenn ich gesund bin, für meine Gesundheit tun?

Weisheiten eines alten Arztes

Der Schmerz ist ihr Freund, halten sie inne. Es muss etwas verändert werden.
Wenn sie krank sind, sind sie aus der Balance. Meine Aufgabe ist es, mit ihnen die Balance herzustellen.
Die Krankheit beginnt nicht mit ihrem Ausbruch, sie sind schon vorher krank. Aber sie wollten es nicht wahrhaben.

3. Woche

Das Leiden

Es gibt ohne Zweifel viel Leid in der Welt: selbstgeschaffenes Leid, unschuldiges und tragisches Leid und zugefügtes, gewolltes Leid. Nicht nur Kriege gehören in die letzte Kategorie.

Erst im letzten Jahrhundert begann die Menschheit, Kriege zu ächten. Doch selbst dies hat nicht ausgereicht, Kriege von der Tagesordnung und der Landkarte zu verbannen. Nein, es stellte sich sogar die Frage, ob begrenzte Kriege nicht sogar notwendig sind, wenn Menschen Menschen Böses tun? Töten, um andere zu retten? Leiden, damit andere vom Leid erlöst werden?

Überraschende Antworten

Die großen Religionen geben auf die Grundfrage des Leides fast dieselben Antworten:

- Es gibt Leid. Es gibt kein leidfreies Leben und keine Gesellschaft ohne Leid.
- Versuche nicht vor dem Leid wegzulaufen. Schaue es an. Der Schmerz ist der Bruder der Freude, Schwester Freude gibt es nicht ohne den Schmerz. Welche Liebenden haben dies nicht erfahren?
- Im Leid liegt immer auch die Chance der Veränderung des Lebens.
- Das Leid ist nie der Sinn des Lebens, sondern Teil des Lebens.
- Hafte nicht an dem Leid. Löse dich wieder vom Leid. (Dies nennen wir auf einer tieferen Ebene Erlösung.)

Die Grundfrage – ohne Antwort

Zum Einsiedler kam eine Mutter und klagte: »Warum ist meine Tochter so schwer verunglückt?« Der Einsiedler schaute sie an und schwieg. Die Mutter fuhr fort: »Warum ist sie in den Brunnen gefallen? Warum konnte sie nicht schwimmen? Warum habe ich nicht aufgepasst? Warum verunglückte sie so schwer? Warum hat sie solange keiner rufen hören? ... .«
Der Einsiedler unterbrach sie: »Dein Warum ist wie der Brunnen, in den Deine Tochter gefallen ist: tief und leer. Die Frage ›Warum‹ kennt keine Antwort, die dich je zufrieden macht. Frage lieber, was für eine Folge hat dieses Geschehen für deine Tochter und für dich. Und wenn du kannst, danke, dass deine Tochter lebt. Und wenn du Wut hast, sei wütend. Und wenn du voller Schmerzen bist, weine. Und wenn du voller Liebe bist, weine, klage und lache.« Er schwieg eine Weile und hielt die Mutter im Arm: »Du machst dir nur Vorwürfe. Dies verändert nichts. Beerdige das Warum.«

Ich werde diese Frage nie stellen – sie ist eine Falle

Ihr Mann starb plötzlich nachts, er war 50 Jahre alt und sie hatten mehrere Kinder. Ich besuchte sie und wir erinnerten uns. Sie sprach nie über das »Warum«. Sie sagte: »Ich werde diese Frage nie stellen – sie ist eine Falle. Ich möchte dankbar sein – auch wenn er mir sehr fehlt.« Und sie weinte, weil sie das »Ja-Sagen« einübte. Sie konnte das Geschehen annehmen, denn mit allen Höhen und Tiefen war ihr Leben gut gewesen.

Wenn guten Menschen Böses widerfährt

Wenn guten Menschen Böses widerfährt, fragen sie selbst und andere nach dem Grund. Sie sind oft enttäuscht, dass auch sie von Bösem und Schrecklichem nicht ausgenommen sind.
Eigentlich müsste die Frage anders lauten: »Warum soll guten Menschen nichts Schreckliches und Schweres widerfahren?«

Eine weise Frau wurde gefragt: »Wie gut muss ich als Mensch sein, damit mir nichts Böses widerfährt?« Sie antwortete: »Du kannst gut oder schlecht sein, reich oder arm, schön oder hässlich. Du kannst nicht verhindern, dass auch Böses zu deinem Leben gehört. Schau in den Spiegel und dann siehst du einen Menschen, in dem auch Böses steckt, der auch anderen Leid zufügen kann. Am schlimmsten enden die Situationen, in denen Menschen mit Bösem Gutes tun wollen und sich für gut halten.«

»Leid ist eine Strafe« – über eine uralte Falschmeldung

Schon immer diskutierten die Menschen, warum sie mit Leid gestraft seien. Ursprünglich herrschte die Vorstellung, dass die Götter den Menschen mit Leid bestraften und maßregelten. Dann wurde das Göttliche als Ursache für Leid angesehen: Gott bestraft und belohnt den Menschen.

Erst wenn der Mensch diese Haltung und Einstellung überwindet, kann er den wirklichen Charakter des Göttlichen und des Leides erkennen. Das Göttliche fügt kein Leid zu. Ein Teil des Leides gehört zum Wesen der Schöpfung, zum Wesen des Lebens. Wer dem Leid ausweicht, weicht dem Leben aus.

Diese Sichtweise umfasst nur einen Teil von dem, was wir Leid nennen, es meint z.B. Sterben, Naturkatastrophen, Liebeskummer, ungewollte Enttäuschungen, viele Unfälle.

Aber wir verursachen als Menschen auch Leid. Und dies ist die größte Katastrophe, die Menschen sich und der Schöpfung antun. Hier nach dem Göttlichen zu fragen und das Göttliche verantwortlich zu machen, lenkt nur von menschlichem Versagen und menschlicher Verantwortung ab.

»Warum lässt Gott Krieg zu oder warum verhindert Gott Krieg und Mord nicht«, ist eine Frage, die an Ursache und Wirkung vorbei geht. Es sind Menschen, die hinter jedem Krieg und jedem Mord stehen.

Was ist zu tun?

In der christlichen Tradition ist Jesus mit den Leidenden solidarisch. Er verursacht es nicht. Er sagt den Menschen: »Was ihr anderen antut, dass tut ihr mir an. Ihr verletzt letztlich das Göttliche, was euch trägt.« »Liebet eure Feinde«, ist die radikalste Aufforderung, Leid zu überwinden.

Auch in der buddhistischen Tradition gelobt der Übende Mitgefühl mit allen Leidenden und seine Bereitschaft, das Mögliche zu tun, um das Leid zu überwinden.

Ein kleiner Dialog

Junger Mann: Vater Johannes, wird jemals das Leid in dieser Welt aufhören?
Vater Johannes: Es hört immer dann auf, wenn du es unterbrichst!
Junger Mann: Wie kann ich es unterbrechen?
Vater Johannes: Durch aktive Liebe und Mitgefühl.

4. Woche

Sterben und Tod

Sterben und Tod sind die Folge des Geborenwerdens. Der Tod wird uns nicht zugefügt, er gehört zum Leben. In der geistlichen Tradition des Christentums und anderer Religionen ist der Tod nicht das Ende des Lebens, sondern Teil des Lebens und Lebenserweiterung. Die spirituelle Tradition sagt sogar, dass es gut ist, den Tod im Leben einzuüben. Denn der Atem, der den Menschen bei der Geburt eingehaucht wurde (siehe in der 1. Woche im April), geht im Tod zurück zum Göttlichen. Der Mensch kann dem letzten Atemzug folgen und das Göttliche wird ihm begegnen.

Die Forschungen über Nahtod-Erfahrungen sagen aus, dass mit dem sogenannten klinischen Tod das Bewusstsein nicht tot ist, sondern sich anscheinend auf die Reise macht. Viele sind der Ansicht, dass das Wesentliche des Menschen (egal wie wir es benennen – ob Seele oder Bewusstsein oder das Göttliche in uns) nicht stirbt. Bis auf die Ergebnisse aus den Forschungen im Nahtodbereich, also über die Erfahrungen der Menschen, die klinisch tot waren und zurückkehrten, ist alles andere, was uns nach dem Tod erwartet, Spekulation und Geheimnis. Erst einmal stirbt der Mensch und der Tod ist wirklich. Dies sollte nicht durch irgendwelche Versprechungen verwischt werden.

Nahtoderfahrungen

Ich bewegte mich durch einen langen Tunnel und sah am Ende ein klares wunderbares Licht.

Ich sah noch einmal mein ganzes Leben vor mir ablaufen. Ich sah das Gute und das Schlechte. Mir wurde mein ganzes Leben seltsam klar.

Ich sah (nach einem Unfall) wie aus der Ferne meinen eigenen Körper. Ich hatte keine Schmerzen mehr. Ich sah meine Frau neben mir stehen und weinen. Ich entfernte mich immer mehr vom Geschehen.

Das Ziel des Lebens

Der Dalai Lama wurde nach der Wiedergeburt gefragt und er antwortete sinngemäß: »Das Ziel des Lebens ist nicht die Wiedergeburt, sondern Erlösung. Die christliche und die buddhistische Tradition hoffen gemeinsam auf die Erlösung des Menschen. Solange jemand wieder geboren wird, haftet er an den Licht- und Schattenseiten des Lebens.«

Sterben

Wichtig allerdings ist die Unterscheidung zwischen Sterben und Tod. Sterben ist nicht einfach und kann grausam, schmerzhaft, voller Leiden und unerträglich sein. Es gibt kein niedliches Sterben und keine einheitlichen Sterbeerfahrungen. Auch vorbereitete und vertrauensvolle Menschen können schwer und mit Ängsten sterben. Der Tod selbst bringt vielleicht Erlösung. Oft aber ist das Sterben noch einmal ein (langer) Weg der Klärung und der inneren und äußeren Auseinandersetzung.
Es ist gut, diesen letzten Weg nicht alleine gehen zu müssen, sondern von Menschen begleitet zu werden, die uns Raum zum Leben und zum Sterben geben. Die Verneinung des Todes in unserer Gesellschaft hat zu unwürdigem Sterben in den letzten Winkeln der Krankenhäuser geführt. Die Hospizbewegung hat dem Sterben wieder ein menschlicheres Gesicht gegeben.

Die eigenen Ängste nicht auf Kinder übertragen

Oft habe ich Eltern erlebt, die mit Kindern nicht über den Tod reden wollten, die Kinder nicht mit ans Sterbebett nahmen oder sie bei Beerdigungen zu Hause ließen. Oft fiel dann der Satz: »Die Kinder sollen das Schwere noch nicht erleben. Der Tod ist noch nichts für sie.« Kinder beschäftigen sich aber sehr früh mit dem Tod. Sie sinnieren auf ihre Art über das Leben.

Denn der Tod begegnet ihnen oft: Tiere, Verwandte, Freundinnen und Freunde sterben. Sie sehen Tod in Film und Fernsehen. Für Kinder ist auch der dort gespielte Tod echt. Die Kinder haben meist weniger Berührungsängste mit Tod und Sterben als Erwachsene. Die Erwachsenen wollen unbewusst sich selbst schützen, wenn sie die Kinder schützen. Kinder aber haben ein Recht auf ihre Begegnung mit Sterben, Tod und Abschied. Sie brauchen dabei unsere Begleitung, unsere Echtheit.

Der Tod ist ...

- wie ein Tor in eine andere Wirklichkeit
- das endgültige Aus und wenn nicht, lasse ich mich überraschen
- das Ende eines Lebensabschnittes
- beunruhigend, aber unvermeidbar, deshalb möchte ich ihn anschauen
- Jeder Abschied ist ein kleiner Tod. Jeder Abschied ist ein neuer Anfang.

Wie kann ich mit Abschied umgehen?

Sei traurig und sei dankbar!

Der Wert des Lebens

Der Wert des Lebens liegt nie in der Zeit, die wir nicht miteinander gehabt haben, sondern in der Zeit, die wir hatten. Jedes Leben ist gleich viel wert, auch wenn es kurz war. Egal wie lange dein verstorbenes Kind oder dein Partner bzw. deine Partnerin lebte, werte die Zeit und die Beziehung nicht ab, in dem du sagst, wir hatten noch soviel vor.

Schau auf das, was ihr euch geschenkt habt. Es gehört zu euch. Jeder Zeitraum hat seinen eigenen Wert und trägt auch in der Kürze die Fülle des Lebens. Sei traurig, dass es zu Ende ist, aber akzeptiere die Zeit. Denn nicht die Zeit bestimmt den Wert eures Lebens, sondern was ihr davon in euch tragt.

Die Ewigkeit

Die Ewigkeit liegt nicht in der Zukunft, sie beginnt erst recht nicht nach dem Tod. Vielmehr ist sie der gegenwärtige Augenblick, in dem du ganz da bist. Dieser Augenblick ist außerhalb von Zeit und Raum, er kann sehr kurz oder sehr lang sein. Du wirst von diesem Moment bis in die Tiefe deines Wesens berührt. – Es kann ein Augenblick der Liebe, des Berührtwerdens oder der Faszination sein. Wenn du ihn spürst, bist du der Ewigkeit begegnet und die Berührung wird zu dir gehören.

5. Woche

Geschichten und mehr

Lord of the dance

Ich tanzte an dem Morgen, als die Welt begann, ich tanzte im ganzen Welt-all dann, ich kam von oben und ich tanzte auf dem Feld, in Bethle-hem kam ich zur Welt. Tanz, tanz, wo immer du auch bist. Ich bin der Herr des Tanzes für dich, und ich führe dich, wo immer du auch bist, ich bin der Herr im Tanz für dich.

2. Ich tanzte für den Schreiber und den Priester hier, ich tanzte, sie aber tanzten nicht mit mir. Ich tanzte für die Fischer an dem See: folgt mir nach, es kann weitergehn.
Tanz, tanz ...

3. Ich tanzte am Sabbat und ich heilte einen Mann. Die Frommen fragten, ob man das denn machen kann. Sie schlugen mich, peitschten mich, hängten mich hoch und feierten meinen Kreuzestod.

4. Ich tanzte am Karfreitag und der Himmel war schwarz, doch tanzte sich's nicht gut mit den Bösen als Last. Sie begruben meinen Körper und sie dachten: »alles klar«, aber ich bin der Tanz, es geht weiter ja.
Tanz, tanz ...

5. Sie schlugen mich klein, doch ich sprang hoch heraus, ich bin das Leben, darum gebt euch niemals auf. Ich tanze in dir, so tanz du jetzt für mich, ich bin der Herr, komm und tanz für mich.
Tanz, tanz ...

T: Sydney Carter/M: Traditional
Deutscher Text: Rüdiger Maschwitz
Rechte für den deutschen Text: Rüdiger Maschwitz

Einmal noch will ich den Sonnenaufgang fangen

Werner war zehn Jahre alt. Er hatte Krebs. Schon ein paar Mal war er für mehrere Wochen in der Klinik gewesen. Er bekam Spritzen, ihm fielen die Haare aus, er hatte Schmerzen, Angst und Hoffnung. Er fühlte sich allein, auch wenn er von seinen Eltern Besuch hatte.

Er hörte den Ärzten zu, wenn sie ihm erzählten, was sie tun wollten. Er tat nichts, was er nicht tun sollte. Schon lange spielte er nicht mehr Fußball, dabei war er vor einem halben Jahr noch der beste Stürmer seiner Mannschaft gewesen. Er wollte gesund werden und fühlte sich immer schwächer. Seine Ärztin tröstete ihn: »Halt durch, wir können es schaffen.« Aus seiner Klasse kamen ihn hin und wieder Kinder besuchen. Manche Kinder durften auch nicht kommen, sie durften das »Elend« nicht sehen. »Ich bin kein Elend«, dachte Werner dann, manchmal wurde er richtig wütend. Seit gestern war er wieder in der Klinik. »Die Werte waren nicht gut«, hatten sie gesagt. Er wollte raus, nur ein bisschen spazieren gehen. Leise verließ er das Krankenhaus, er hatte sein ganzes Geld dabei. Niemand achtete am Hinterausgang des Kinderkrankenhauses auf den Jungen. Still und leise verschwand er. Er lief die Straße entlang und stieg in den Bus, der gerade ankam. Werner sah alles an sich vorüberziehen ... So sah er den Bahnhof und stieg aus.

Jetzt wusste er, was er wirklich wollte: Er wollte das Meer sehen, den Sonnenaufgang am Meer. Zu Opa wollte er reisen und alleine ans Meer gehen. Es war toll, langsam ging abends rot die Sonne unter, und am nächsten Morgen ging die Sonne wieder auf. Noch nie war er so lange wach geblieben, er wollte jetzt die ganz dunkle Nacht wachen und dem Mond zusehen.

Am Schalter holte er eine 1/4 Kinderkarte, wer noch zwei Geschwister hat, reist billiger. Sein Geld reichte. »Einmal Grömitz – erst Zug – dann Bus –«, hatte er gesagt. Der Beamte lächelte: »Du weißt ja Bescheid. Fährst du ganz allein?« Werner zögerte nicht: »Nein, ich wollte nur die Karte selbst kaufen.« Und leise sagte er: »Können Sie mir den Bahnsteig und den nächsten durchgehenden Zug sagen, dann weiß ich genauso viel wie die anderen?«

Wie zwei Verschwörer tauschten die beiden sich aus. Werner ergatterte einen Fensterplatz und ließ die Landschaft an sich vorüberziehen. Es reichte gerade noch für den letzten Bus nach Grömitz.

Die Fahrerin weckte den Jungen an der Endstation: »Sag mal, wer holt dich denn ab?« Werner erschrak und stotterte: »Mein Opa – Telefon 7890.« Die Fahrerin benachrichtigte die Zentrale per Funk. Sie nahm den Jungen – so groß er schon war, in den Arm und wartete. Opa kam alleine. Das war gut. Opa war schon alt, bald 70 Jahre alt, aber stark wie ein Bär.

Werner sah klein aus in seinen Armen, und die Arme waren fest und sicher. »Junge, was machst du denn alleine hier?« hörte Werner in seinem Ohr.

Die Stimme war leise und brüchig. Werner staunte und sah Großvater an: »Ich wollte den Sonnenuntergang an deinem Meer sehen – einmal noch – auf unserem Platz. Und den Sonnenaufgang will ich fangen – ganz alleine.«

Opa schaute Werner in die Augen, und Werner sah in Opas Augen Tränen. Werner drückte sich fest an ihn: »Du musst nicht um mich weinen, ich lebe noch ewig.«

Opa atmete tief aus. Werner sah den feinen Atemhauch weiß in der Abendluft unter der Laterne. Und der Atemhauch löste sich auf. »So wie dem Atem geht es mir auch mal, Opa. Ich werde immer weniger. Aber das ist nicht schlimm. Ich habe keine Angst.«

Opa schluckte und sah Werner wieder ins Gesicht: »Ich bin für jeden Tag froh, den du lebst.« »Na klar Opa – und morgen fange ich die Sonne. Sei nicht traurig – der Tod ist mein bester Freund. Manchmal spricht er abends mit mir. Aber verrate es nicht Mama, Papa, Oma, Kirstin und Birgit. Das ist mein Geheimnis.«

■ ■ ■

Spuren im Sand

Ein Mann träumte. Er schaute im Traum auf sein Leben zurück. Er betrachtete das Gute und das Schwere. Er nahm das Gelungene und das Misslungene wahr.

Immer wieder sah er im Rückblick die Fußspuren zweier Personen im Sand am Meer.

Dies erstaunte ihn. Allmählich verstand er das Bild im Traum. Gott war mit ihm durch das Leben gegangen.

Manchmal aber sah er nur eine Fußspur im Sand. Erstaunlicherweise war es immer dann, wenn sein Leben besonders dunkel, schmerzhaft oder anstrengend war.

Er begann sich zu fragen: »Wo war Gott, als es mir so dreckig ging? Warum hat Gott mich alleine gelassen?«

Als er so grübelte und Enttäuschung in sein Herz zog, hörte er eine Stimme in seinem Inneren: »Halte inne. Ich habe dich nie alleine gelassen. Ich konnte dir deine Lebenserfahrungen nicht abnehmen. Aber ich habe dich begleitet. Immer, wenn es ganz schwer war, habe ich dich getragen. Darum siehst du nur eine Fußspur.«

Mai:
Grund-Werte gestalten

1. Woche

Gerechtigkeit

 Kinder haben ein ausgeprägtes Gerechtigkeitsgefühl. Sie nehmen wahr, ob sie fair behandelt werden. Und sie merken im Kindergarten und in der Schule, wenn andere bevorzugt oder benachteiligt werden. Auch Geschwister achten sehr darauf, wie sie behandelt werden. Wer ist das Lieblingskind, wer bekommt mehr, wer wird wie gelobt, getadelt oder gar bestraft?

Junge Menschen fragen sich lange und intensiv, ob es Gerechtigkeit in ihrem Umfeld und untereinander gibt. Mitunter hängt von dieser Frage die eigene Lebenseinstellung ab.

In Familien ist die Frage der Gerechtigkeit leider oft nebensächlich, obwohl sie das Klima und das Miteinander bestimmen.

Drei Fragen für die Familie, aber auch für die Schulklasse:

- Kommt jeder/jede einigermaßen zu seinem/ihrem Recht?
- Dürfen alle ihr Recht einklagen – ohne andere zu tyrannisieren? Darf z.B. das Kind sagen – genau wie der Erwachsene – ich möchte nicht angeschrieen werden?
- Werden konstruktiv auch gemeinsame Konfliktlösungen gesucht?

Zu den Wurzeln

Eine jüdische Lehrerin charakterisierte den Unterschied zwischen der jüdischen und christlichen Tradition: Der wesentliche Grundsatz der jüdischen Religion ist die Gerechtigkeit, der Grundsatz der christlichen ist die Liebe. Meine Rückfrage: Müssen nicht beide Haltungen miteinander verbunden sein? Was ist das für eine Liebe, die nicht Gerechtigkeit beinhaltet? Was ist das für eine Gerechtigkeit, die nicht voll der Liebe ist?

Recht und Gerechtigkeit

Ein Rechtsanwalt zu seinem Mandanten: Es geht nicht um Recht haben, sondern um Recht zu bekommen. Der Mandant: Wo bleibt da die Gerechtigkeit? Anwalt: Haben sie noch Illusionen!
Mandant: Ja, Gott sei Dank. Und er verabschiedete sich.

Eine Geschichte, mündlich überliefert

Zwei Freunde hüteten in den Bergen ihre Schafe. Die Freunde waren wirkliche Freunde, sie achteten einander. Sie traten für einander ein. Sie teilten miteinander, eigentlich fehlte ihrer Freundschaft nichts. Eines abends kam ein wohlhabender Fremder an ihrem Lager vorbei. Sie bewirteten ihn, wie es die Gastfreundschaft gebot. Jeder brachte was er hatte, der eine hatte von seiner kleinen Herde noch drei Stück Schafskäse, der andere brachte sechs Stück Schafskäse. Anschließend lagerte der Fremde bei ihnen. Am nächsten Morgen ließ er ihnen neun Goldstücke zurück, die sie miteinander teilen sollten. Sie versuchten es, aber sie konnten sich nicht einigen. –

(Hier können Sie überlegen, wie Sie gerecht teilen würden. Sie können dies auch miteinander besprechen und Vorschläge sammeln.)

Ihre Freundschaft litt sehr. Sie wussten sich nach einigen Tagen nicht anders zu helfen, als in die ferne Stadt zu wandern und ihren Fall dem Richter vorzutragen.
Der Richter hörte ihre Geschichte und gab ihnen einen Rat: »Einigt euch, sonst leidet eure Freundschaft noch mehr. Bedenkt, ich spreche Recht. Dies ist nicht immer das, was ihr erwartet und euch gut tut. Gerechtigkeit lässt sich besser untereinander herstellen. Geht spazieren und versucht euch zu einigen, anderenfalls kommt zur Mittagszeit. Dann will ich mein Urteil bekannt geben.«
Die Freunde kamen zu keiner Lösung. Sie erschienen zur Mittagszeit. »Wohlan«, sagte der Richter, »nehmt Platz und hört mein Urteil. Ihr habt neun Goldstücke. Sie gehören dem, der die sechs Käse gebracht hat.« Die Freunde waren entrüstet: »Das ist ungerecht. Das ist kein Urteil, das ist Willkür.«

Der Richter schaute ernst: »Ich habe euch gewarnt. Ich erkläre es euch gerne. Es ist recht und richtig, ob es gerecht ist, ist eine andere Frage. Ihr wart drei Personen. Jeder aß 3 Käse, oder?« Die Freunde nickten. Und er schaute den Mann an, der drei Käse bringen konnte: »Du hast deinen eigenen Käse gegessen. Damit steht dir keine Bezahlung zu.« Er wandte sich dem Zweiten zu: »Du hast deinen Käse gegessen und drei Stückchen Käse für den Fremden gebracht. Dir stehen die Goldstücke alle zu. Dies ist mein Urteil. Vergesst nicht, ich habe euch gebeten euch selbst zu einigen.« Die Freunde verließen entsetzt den Richter. Mit dem Urteil waren sie beide nicht glücklich.

An-Sprüche

Gerecht kann nur der sein, der nicht alles haben will und verzichten kann.
Ein Volk ohne Gerechtigkeit, ist ein Volk ohne Hoffnung.
Wo die Gerechtigkeit fehlt, fehlt auch die Liebe.
Ein Baum ohne die Wurzel Gerechtigkeit trägt viele Früchte, die innen verfault sind.

Toleranz und Standpunkte

Toleranz einüben

Toleranz bedeutet im Lateinischen erdulden und ertragen. Es scheint also für den Menschen schwer zu sein zu ertragen, dass Andere anders sind als sie selbst. Das »Andere« verunsichert, ängstigt und scheint bedrohlich zu sein. Wahrscheinlich nimmt das »Andersartige« die gewohnten Sicherheiten, bedroht die eigenen inneren Einstellungen und stellt sie infrage.

Vielleicht gibt es in fast allen Menschen sogar eine innere Abwehrhaltung dem gegenüber, was fremd ist. Diese Abwehrhaltung schützt uns sicherlich in kritischen Situationen und wehrt sogar Missbrauch ab. »Geh mit keinem Fremden«, ist ein Hinweis, den Kinder kennen und den sie respektieren sollten.

Aber neben diesem schützenden Aspekt führt die innere Unsicherheit schnell auch dazu, das »Andersartige und Fremde« abzuwerten. Und dann beginnt die Gefahr, sich durch die Abwertung des Anderen selbst besser zu fühlen, sich auf der besseren und wertvolleren Seite wieder zu finden. Die Abwertung soll dann den eigenen Selbstwert aufbauen.

Toleranz lädt uns nun ein, das »Andersartige« anzuschauen.

Sie ist die Grundlage, dass verschiedene Menschen versöhnt miteinander leben können.

An-Sprüche

Toleranz ist eine grundlegende Offenheit dem Anderen und Fremden gegenüber.

Toleranz bedeutet nicht das Ertragen des Andersartigen, sondern die Einsicht, dass jeder im Vergleich zu mir andersartig ist.

Wer tolerant ist, nimmt nicht alles hin, sondern kann angemessen und wohlwollend Grenzen ziehen.

Wer die Meinung seiner Kinder nicht ertragen kann, darf sich nicht wundern, dass die Meinung des Nachbarn noch schwieriger zu hören ist.

Voraussetzung von Toleranz ist Neugier und Selbstbewusstsein.

Toleranz beginnt

im Bauch zu wachsen. Die Berührung mit anderen Ländern und Gebräuchen gelingt vielen Menschen über das Essen. Wie weit haben uns nicht Spaghetti, Pizza, Gyros und Döner auch die anderen Menschen nahe gebracht. Viele Menschen können sich dem Fremden so über die Veränderung des eigenen Geschmacks annähern. Liebe geht durch den Magen, vielleicht stimmt dies auch in der Begegnung mit anderen Kulturen. Wie viel »Knoblauchfresser« gibt es nicht mittlerweile in Deutschland. Und wie oft bekomme ich mittlerweile bei Aldi kein Olivenöl mehr!

Zum Ausprobieren: Um sich näher zu kommen, können Menschen miteinander kochen und essen. Dies kann bei Festen und Projekten im Kindergarten oder in der Schule sein, bei Kursen in der Erwachsenenbildung, an Kindergeburtstagen und bei Nachbarschaftstreffen.

Vielleicht beschreibt die christliche Tradition Jesus auch deshalb als Freund der Esser und Liebhaber von Wein, weil in den Mahlzeiten ein verbindender gemeinsamer Prozess enthalten ist. Menschen kommen sich näher und verstehen sich besser.

Die Toleranz der Religionen

Jede Religion hat ihre eigene Berechtigung und ihre Wahrheit. Menschen entdecken sogar, dass es in den Versenkungswegen (Meditationspraxis) ähnliche Grund-Erfahrungen gibt. Dadurch entsteht keine einheitliche Religion oder eine Vermischung, sondern es wird deutlich, dass wir Menschen verschiedene Wege zur Wahrheit haben. Nun haben alle Religionen mehr oder weniger die Tendenz, die Wahrheit für sich alleine in Anspruch zu nehmen. Es wäre viel einfacher miteinander, wenn wir aus der Behauptung: »Jede Religion hat die alleinige Wahrheit.« zwei Worte streichen, dann heisst es: Jede Religion hat Wahrheit. Dies ist keine Frage der Toleranz, sondern der Wahrheit.

Was ist mir schon gleichgültig?

Toleranz, als das Geltenlassen des anders Lebenden, Denkenden und Glaubenden ist eine besondere Form der Gleich-gültigkeit. Es ist mir gleichermaßen gültig, was die anderen als wesentlich erachten. Es ist gleichermaßen gültig, wie sie sind und wie sie leben.

Es ist keine Toleranz ...

- wenn Leben bedroht wird und ich zuschaue,
- wenn andere mit Füßen getreten werden und ich mich raushalte,
- wenn über andere Witze gemacht werden und ich mitlache,
- wenn Frauen Opfer von Worten und Taten werden und ich nicht Partei ergreife,
- wenn die Hautfarbe zum Bewertungsmaßstab wird und ich nicht einschreite,
- wenn ich schweige, wegsehe, weghöre, die Hände in den Taschen lasse.

Toleranz heißt »nein« sagen können und dafür einstehen.

Freiheit und Verantwortung

Freiheit ist die Errungenschaft der Menschheit, die sie sich immer wieder neu erkämpfen muss. Der Film »Animalfarm« verdeutlicht dies sehr drastisch. An der Scheunenwand steht nach der Machtübernahme durch die Schweine: »Alle sind gleich. Einige sind gleicher.«

Es gehört zu den Träumen des Menschen frei und unabhängig sein zu können, um den eigenen Bedürfnissen nachzugehen.

Wenn man bedenkt,

- dass erst vor 200 Jahren in Deutschland die Leibeigenschaft abgeschafft wurde,
- dass die Beendigung der Sklaverei in den USA keine 130 Jahre zurückliegt,
- dass die Bürgerrechtsbewegung in den USA in den Sechzigerjahren stattfand,
- dass die Demokratie in Spanien erst nach Francos Tod 1975 begann,
- dass die Allgemeine Erklärung der Menschenrechte durch die Vereinten Nationen 1948 erfolgte,
- dass heute noch Staaten wie Nordkorea, Tibet, Afghanistan weit vom Zustand der Freiheit entfernt sind,

dann merkt man, dass Freiheit ein Ideal ist, dessen Verwirklichung einen langen Kampf beinhaltet.

Hinzukommt, dass die Freiheit des Mannes noch lange nicht die Freiheit der Frau ist und war.

Vieles was heutigen Menschen als selbstverständlich erscheint, war meinen Großeltern nicht selbstverständlich. Denken wir nur an das Drei-Klassenwahlrecht oder an das ironisch-ernste Lied: Die Gedanken sind frei, wer kann sie erraten. Die Freiheitsbewegung in den letzten zwei Jahrhunderten gehört zu den Wurzeln unseres heutigen Lebens.

Nun ist die Freiheit, die durch das Gesetz gewährleistet ist, nicht immer die Freiheit, die wir leben können. Freiheit als Möglichkeit hängt auch heute noch von der eigenen Finanzkraft, von der Bildung und Ausbildung, von der Arbeit bzw. von einer Arbeitsstelle und dem sozialen Status ab.

Spielfelder – ein Freiraum

Kinder wachsen seit dem Zweiten Weltkrieg in einer veränderten »Landschaft« auf, die vorher unvorstellbar war. Damit ist für Kinder sicher nicht alles gut, aber die Grundzüge ihres Heranwachsens haben sich verändert und oft erheblich verbessert.

Kinder haben in den letzten 50 Jahren viel an Freiheit gewonnen – und an Freiraum verloren. Kinder wachsen heute generell weniger streng heran und ihre Kindheit ist in hohem Maße eingebettet in pädagogische Betreuung in Kindergarten, Schule, Hort, eventuell schon Krabbelgruppen für die ganz Kleinen.

Die sozialen Kontakte von Kindern ergeben sich nicht mehr so sehr aus der Nachbarschaft, sondern sie werden spätestens ab dem Kindergartenalter von den Eltern gemacht. Auch Kindergartenkinder haben bereits »Dates«. Man sucht sich seine Spielgefährten nicht auf der Straße. Die Kinder sind dadurch auf das Fahren durch ihre Eltern angewiesen oder bleiben auch allein in ihrer Wohnung. Kindheit verläuft zwischen Dates, Events, Einsamkeit, Langweile und Fernsehen.

Freie Spielräume haben früher die Kindheit mehr geprägt als heute. Einer strengen und rigideren Erwachsenenwelt standen offene und nicht kontrollierte Spielräume gegenüber. Kinder- und Jugendlichengruppen entzogen sich der Kontrolle, in dem sie in Wald, Feld und Wiese ihre eigene Kultur errichteten. Diese Beschreibung hat nichts mit Romantik zu tun, sondern zeigt einen Bereich von Freiheit auf, der erwachsenenfrei war, solange die äußeren Verabredungen (z.B. pünktlich zu Hause sein)

eingehalten wurden. Dieser selbstverantwortete und gestaltete Spielraum fehlt heute den meisten Kindern.

Kinder neigen glücklicherweise dazu, sich diese Freiräume immer wieder zu erobern. In den (Innen-)Städten hat sich mittlerweile schon ab dem Grundschulalter eine eigene Szene gebildet, die sich der Erwachsenenwelt entzieht, z.B. die Skater, Biker, Inliner. Die Freiheit dieser Gruppen ist aber stärker als früher abhängig von Konsum und Geld, – ohne »Top-Inliner« geht nichts.

Die spirituelle Seite der Freiheit

Die christliche Tradition schildert – neben aller Abhängigkeit des Menschen – Freiheit als Voraussetzung jedes Vertrauens und jeder Spiritualität. Wer letztendlich Gott genauso vertraut wie sich selbst und anderen, ist unabhängig und frei für das Wesentliche. Menschen wie Martin Luther King oder Dietrich Bonhoeffer oder Mahatma Gandhi (als Hindu) lebten aus dieser inneren Freiheit Verantwortung für und mit Anderen. Freiheit ohne Verantwortung ist als geistlicher Wert und als Gut nicht vorstellbar.

Individualität und Freiheit

Die Wurzeln der Freiheit liegen im einzelnen Menschen. Aber sobald aus den Wurzeln nur ein einzelner eigener Baum wächst, wird aus der persönlichen Freiheit nicht Einzigartigkeit, sondern Egoismus. Freiheit gedeiht nur als Wald, jeder einzelne Baum ist für den Wald wichtig. Dazu gibt der Baum freiwillig einen Teil seiner Individualität auf und gewinnt miteinander Gemeinschaft.

Frei-Sprüche

Freizeit statt Freiheit.

Freiheit zur Freizeit.

Wir haben die Freiheit als Menschen ohne Kinder aufzuwachsen, ist diese Freiheit nicht auch Verlust?

Wer für alles offen ist, ist nicht ganz dicht. (Berliner Redewendung)

Frei sein ist Alles. Aber wovon? (Wandspruch)

Manchmal ist Unfreiheit wie ein weiches Sofa, ganz schön bequem.

4. Woche

Wurzelverluste

In den letzten Jahren wird uns zunehmend bewusst, dass wir viele Wurzeln verloren bzw. aufgegeben haben.

Persönliche und gesellschaftliche Wurzelverluste

Dies liegt zum einen an der persönlichen Auseinandersetzung mit eigenen alten Wurzeln, die dann bewusst aufgegeben wurden. Viele Großorganisationen, wie Kirchen und Gewerkschaften sind frag-würdig geworden. Es gab schon Fragen, die es würdig waren, beantwortet zu werden. Oft ist dies nur unzureichend geschehen oder es gab statt Antworten eher Regeln und Vorschriften (z.B. in der katholischen Kirche), die die Sicherheit der Strukturen gewährleisten sollten. Im evangelischen Raum gab es eher Beliebigkeit. Bei den Gewerkschaften eher Bekenntnisse zur eigenen Notwendigkeit und bei den Arbeitgeberverbänden Klagen, wie schlecht es ihnen geht. –
Es fehlt ein gemeinsamer offener und ehrlicher Prozess, sich mit Wurzeln des menschlichen Lebens auseinander zu setzen und eine gemeinsame Tradition der Verantwortung für das Ganze zu schaffen.
Der Rückzug auf die persönlichen Bedürfnisse und auf ein beschränktes Engagement ist deshalb nur verständlich. Die Folge sind weitere Wurzelverluste: wie z.B. Verlust von Gemeinsinn, Vertrauen, Ehrlichkeit, politischem Interesse und gemeinsamen Werte und Verbindlichkeiten. Dies ist aber nur die eine Seite, die andere, geschichtliche Seite ist gravierender.

Wurzelmissbrauch – 1. Teil

Der Faschismus hat sehr viele Traditionen und Wurzeln aufgenommen und missbraucht, um seine Ideologie und seine Politik durchzusetzen. Damit wurden Menschen manipuliert, Widerständiges verhindert und angepasst. Ganze Traditionen sind abgebrochen, Unzählige wurden ermordet, Toleranz wurde unterdrückt, Hass geschürt, Fremdes verleumdet. Ich könnte unzählige Wurzeln, die missbraucht wurden, aufzählen: die Pfadfinder und Jugendbewegung, die Volkslieder und -tänze, die Religionen, Kinder- und Jugendarbeit, Festtraditionen, Mythen und Geschichten, Naturerfahrungen, …

Wer später diese Wurzeln aufnehmen wollte, musste sich rechtfertigen, wurde hinterfragt, wurde verdächtigt. Ich erlebe dies bis heute, z.B. in der Pfadfinderarbeit. Hier ist ein neuer Prozess nötig. Es kann nicht angehen, dass der Faschismus bis heute indirekt weiterwirkt und uns hindert, alte Wurzeln aufzunehmen. Dies kann und sollte durchaus kritisch geschehen. Nicht die Wurzeln sind das Übel, sondern der Missbrauch, der damit geschehen ist.

… aus einer Wurzel zart

Aus den alten Wurzeln kann Tradition sich neu gestalten. Es gab hoffnungsvolle Zeichen. Von Hein- und Oss Kröher, über Zupfgeigenhansel und Hannes Wader erlebten die Volkslieder Anfang der Siebzigerjahre eine neue Bewertung und Deutung.

Volkstanzgruppen mit Folk und Pep wuchsen in Volkshochschulen, Kirchengemeinden, Vereinen …

Klöster und Gemeinschaften (z.B. Taizé) nahmen die spirituellen Sehnsüchte ernst und schenkten Raum und Anleitung. Pfadfinder organisierten nicht nur Kirchentage mit, sondern auch neue Prozesse, wie z.B. »das Friedenslicht aus Bethlehem«. Die Popkultur erkannte ihre Wurzeln im Folk, Jazz, Gospel, …

Märchen boomten, Weihnachten bedurfte keiner Entschuldigung mehr, …

Wurzelmissbrauch – 2. Teil

Mit den Wurzeln konnte man allerdings auch gute Geschäfte machen. Weihnachten versprach eher Umsätze als Sinnfindung, Popmusik griff alles auf, was die Charts erstürmen konnten, aus Volksliedern mit Sinn wurde (s)leichte und profitable Volksmusik. Auch die Angebote für spirituell Sehnsüchtige wurden kommerziell bedient. Also ist wieder alles fragwürdig?

Wurzelmöglichkeiten

Es bleibt keine Wahl, als sich selbst mit den Wurzeln auseinander zu setzen und das – kritisch – aufzunehmen, was jeden Einzelnen selbst fördert. Über Wurzelverluste zu jammern hilft nicht. Es bleibt uns selbst überlassen, nach den eigenen Wurzeln zu forschen und aus ihnen zu leben. Aber vergessen Sie nicht: Jede Wurzel hat neben Licht immer auch Schattenseiten, auch die gilt es wahrzunehmen.
Manche Wurzeln bringen keinen guten Baum hervor oder sind nicht tief oder täuschen Fülle vor und halten keinem Sturm stand.

Global und regional

Das Globale, Weltumspannende ist auf dem Vormarsch und deutet eine Welteinheitskultur zwischen Cola, MacBurgern und Pop an. Reinhold Messner (Bergsteiger und Europaabgeordneter) stellte für sich in einem Interview die Überlegung an, ob er sich nicht wieder mehr im regionalen Bereich engagieren sollte, weil dort das unmittelbare Leben und diese Wurzeln liegen. Mir leuchtet ein, je globaler die Gesellschaft und die Wirtschaft wird, desto wichtiger sind regionale Wurzeln. Zur Großhandelskette gehört als ernst zu nehmende Alternative und Ergänzung die Gemüsekiste des nahen Biobauern. Zu den Konzerten in der Kölnarena gehört als regionales Gegenüber sowohl die Chorarbeit, als auch die Band-Events der Nachwuchsgruppen. Die Beatles einerseits oder z.B. BAP und Black Föss andererseits mehr regional, gehören zu den Wurzeln einer ganzen Generation.

Wurzelverschiebung – nicht nur ernst gemeint

Die Aktiengesellschaften ersetzen heute unsere Wurzeln und sorgen für die »Werte« in der Gesellschaft.

5. Woche

Geschichten und mehr

Im Viertelland

Das Land ist rund wie ein Pfannkuchen. Und weil es aus vier verschiedenen Vierteln besteht, heißt es das Viertelland.

In einem Viertel ist alles grün: die Häuser, die Straßen, die Autos, die Telefone, die Erwachsenen und auch die Kinder.

Im zweiten Viertel ist alles rot: die Bäume, die Badewannen, die Eisenbahnen, die Zigaretten, die Erwachsenen und die Kinder.

Im dritten Viertel ist alles gelb: die Besen, die Krankenhäuser, die Blumen, die Baugerüste, die Erwachsenen und die Kinder.

Im vierten Viertel ist alles blau: die Verkehrsampeln, die Möbel, die Brücken, die Zahnbürsten, die Fahrräder, die Erwachsenen und die Kinder.

Wenn die Kinder geboren werden, sind sie bunt. Im ganzen Land ist das so. Aber die Erwachsenen schauen sie aus ihren grünen, roten, gelben oder blauen Augen an und streicheln sie mit ihren grünen, roten, gelben oder blauen Händen, bis sie endlich auch nur noch eine Farbe haben. Die richtige Farbe. Und das geht meistens sehr schnell.

Einmal kam in Grün ein kleiner Junge zur Welt, den sie Erbs nannten. Erbs war mit einem Jahr immer noch ein bisschen bunt. Es war beunruhigend. Aber schließlich wurde er doch noch richtig grün.

Im Viertelland brauchen die Kinder nicht zur Schule zu gehen. Sie lernen nur das Wesentliche. In Grün lernen sie, dass grün richtig ist, in Rot, dass rot richtig ist, in Gelb, dass gelb, und in Blau, dass blau richtig ist.

So laufen in Rot Tag und Nacht Spruchbänder. »Grün, gelb und blau ist gelogen«, kann man da lesen. »Nur rot ist wahr!«

Und dann erklingt das Erdbeermarmeladenlied. Das ist die Nationalhymne.

In Gelb schreit der Lautsprecher: »Rot, blau und grün ist doof. Und gelb bleibt gelb!« Dann ziehen die Kinder die (gelben) Mützen vom Kopf und singen den Zitronenblues.

In Blau hängen überall Plakate. »Blau«, steht darauf, »blau, blau, blau!«

Und immer, wenn die Kinder mit ihren blauen Augen die Plakate ansehen, zuckt es ihnen in den blauen Füßen, und sie müssen den Pflaumentango tanzen.

In Grün steht ein Roboterredner im Park.

»Seid grün!« ruft er. »Und wenn ihr rot, gelb oder blau hört, so glaubt es nicht!«

Einmal hatte Erbs ihm ein Stückchen Käse in den Mund gestopft. Da konnte der Roboter drei Tage nur noch «piperlapop» sagen. Das fanden alle Kinder prima.

»Gelben Tag«, begrüßen die Kinder einander in Gelb. Denn gelb heißt ja gut. Dann spielen sie Melonenrollen und lassen Kanarienvögel fliegen. Manchmal sitzen sie auch und träumen. Natürlich träumen sie gelb, denn etwas anderes wissen sie ja nicht. Löwenzahn träumen sie, Strohhut, Aprikosengelee, Postauto und Glühwürmchen.

Und wenn sie ihre gelben Augen öffnen, sind sie immer ein bisschen unzufrieden. Aber sie können nicht herausfinden, warum.

In Rot spielen die Kinder das große Rot-Spiel: Sie werfen Tomaten in den Sonnenuntergang. Und der Sonnenuntergang schluckt sie alle. Wenn es dann dunkel wird und die roten Lampen in den Häusern brennen, sitzen die Kinder, schauen in sich hinein und fühlen sich. Und alles, was sie fühlen, ist rot. Manchmal ist ihnen, als fehle ihnen etwas. Aber sie sprechen nicht darüber.

In Blau machen sie es so: »Himmel«, sagt ein Kind, und die anderen rufen dann: »Blau!«

»Rauch!«

»Blau!«

»Tinte!«

»Blau!«

»Wellensittich!«

»Blau!«

»Vergissmeinnicht!«

»Blau!«

Und immer so weiter. Bis sie müde werden. Dann halten sie sich an den Händen und denken sich was. Blaue Apfelsinen denken sie sich, blauen Schnee, blaue Musik und blaue Pferde.

Manchmal hat eines von den Kindern Zahnschmerzen. Die sind dann auch blau. Aber das ist klar.

In Grün freuen sich die Kinder am meisten über das Kaktusspringen. Denn wenn eines nicht hoch genug springen kann, hat es die Stacheln im Po. Froschhüpfen ist auch ganz nett. Aber Graszählen ist langweilig. Da gähnen sie dann bald. Sie setzen sich auf die grünen Gartenzäune und wünschen sich grüne Wünsche. Pfefferminzlikör beispielsweise, Salat mit Schnittlauch, fünf Meter Gartenschlauch oder so.

Nur Erbs bringt es eines Tages fertig, sich einen roten Punkt zu wünschen. Es ist ein winzig kleiner roter Punkt. Aber trotzdem ist es ein Glück, dass die Polizei es nicht weiß. Die Polizisten haben die Aufgabe, jeden Morgen um sechs die Kreidestrichgrenzen neu nachzuziehen. Sie kämmen sich ihre grünen, roten, blauen und gelben Haare mit grünen, roten, blauen und gelben Kämmen und machen sich ans Tagwerk.

Dann gehen sie nach Hause wie die anderen Leute auch und beten ihr Tischgebet

»Lieber gelber Gott«, beten sie in Gelb, »wir danken dir, dass wir gelb sind. Beschütze uns.«

Und in Rot und Grün und Blau beten sie zum roten, grünen und blauen Gott. Und alle beten nur für sich selbst.

Nun ist es aber nicht so, dass es im Viertelland keine Verbindung untereinander gibt. Man kann telefonieren. So kann man in Rot zum Beispiel Blau wählen. Man kann auch in Blau Grün wählen. Weil aber die Telefonleitungen durchgeschnitten sind, kriegt man keinen Kontakt. Und weil die Kinder das wissen, versuchen sie es gar nicht erst.

Eines Tages geschieht etwas Überraschendes: Mitten in Grün wächst eine gelbe Rose. Es ist eine schöne Rose, aber die Leute verziehen so angeekelt das Gesicht, als sei sie ein Mistkäfer.

Und es dauert nicht lange, da haben fünfunddreißig Polizisten die Rose mit fünfunddreißig grünen Spaten niedergeschlagen.

Das ist der Tag, an dem Erbs seinen Löffel in den Spinat fallen lässt. Der Spinat spritzt meterweit in der Gegend herum. Aber das macht nichts, denn das Zimmer ist ja sowieso grün. Und die Eltern auch. Nur der Teller zerspringt.

Dann geschieht weiter gar nichts mehr. Jedenfalls sieht und hört man nichts Besonderes. Aber in den Kindern von Viertelland ist eine Unruhe. In allen Kindern – seit der Teller zersprungen ist. Da laufen die Kinder aus Rot zum Mittelpunkt des Landes, wo sich die Grenzen treffen, die Kinder aus Blau gehen dahin, die aus Gelb und die aus Grün.

Sie blicken einander an und sind stumm.

Bis Erbs etwas tut. Einfach so. Er spuckt nämlich auf die Kreidestrichgrenze. Dann scharrt er ein bisschen mit dem Fuß in der Spucke herum, und die Kreide ist weg.

Sofort machen alle anderen Kinder mit. Sie spucken und scharren, bis es keine Grenzen mehr gibt. Und dann lachen sie und fassen einander vorsichtig an. Die grünen die gelben, die blauen die roten, die grünen die blauen, ja und immer so weiter, bis jeder jeden angefasst hat. Zuerst merken sie weiter nichts. Sie fangen an, miteinander zu spielen, und sie vergessen, was der Lautsprecher, die Plakate, der Roboter und die Schriftbänder sagten.

Ganz langsam aber geschieht es, dass sie aufhören, nur eine Farbe zu haben. Die Kinder werden

bunt: Die grünen kriegen zum Grün noch Rot, Blau und Gelb hinzu, die gelben Grün, Rot und Blau, die blauen Rot, Gelb und Grün und die roten Gelb, Grün und Blau.

Und nachdem nun jedes Kind jede Farbe hat, kann es auch in jeder Farbe denken, fühlen, träumen und wünschen. Jedes versteht das andere, und allen gehört das ganze Land. Nie zuvor waren sie so fröhlich. Sie singen gemeinsam den Zitronenblues, spielen Kaktusspringen, denken sich blauen Schnee und werfen Tomaten in den Sonnenuntergang. Die Erwachsenen machen große Augen. Aber weil bunte Kinder richtiger sind als einfarbige, können sie nichts dagegen tun. Ja, manche Eltern wünschen plötzlich selbst, bunt zu werden. Einige bemühen sich so sehr, dass sie tatsächlich ein paar kleine, andersfarbige Tupfen kriegen. Zum Beispiel die Eltern von Erbs.

Aber wirklich bunt sind nur die Kinder.

GINA RUCK-PAUQUÈT

Können Rassisten geheilt werden? (Ein Dialog)

Es ist leicht zu behaupten: »Du hast Unrecht und ich habe Recht.« Viel schwerer ist es einzugestehen: »Du hast Recht und ich habe mich geirrt.«

– Ich frage mich, ob die Rassisten wissen, dass sie sich irren.

– Sie könnten es wissen, wenn sie sich die Mühe machten und den Mut aufbrächten, sich all diese Fragen zu stellen.

– Welche Fragen?

– Nun, zum Beispiel: Bin ich wirklich besser als die anderen? Stimmt es, dass ich einer höherwertigen Gruppe angehöre? Gibt es Gruppen, die weniger wert sind als meine? Falls es solche Gruppen gibt, in welchem Namen bekämpfe ich sie? Kann ich wirklich am Äußeren eines Menschen erkennen, wie intelligent er ist? Anders gesagt: Ist ein Mensch mit weißer Haut deswegen automatisch klüger als ein Mensch mit schwarzer Haut?

– Die Schwachen, die Kranken, die Alten, die Kinder, die Behinderten: Sind sie alle minderwertig?

– In den Augen der Feiglinge sind sie es.

– Wissen die Rassisten, dass sie feige sind?

– Nein, denn man muss schon Mut aufbringen, um seine Feigheit zu erkennen ...

– Papa, du drehst dich im Kreis.

– Stimmt, aber ich will dir ja zeigen, dass der Rassist ein Gefangener seiner eigenen Widersprüche ist und ihnen nicht entfliehen kann.

– Dann ist er ja doch krank!

– In gewisser Weise ja. Wer Freiheit und Wahrheit sucht, flieht vor der Lüge. Der Rassist aber liebt weder Freiheit noch Wahrheit. Er hat Angst vor ihnen. So wie er Angst vor dem Fremden hat. Die einzige Freiheit, die einzige Wahrheit, die er mag, ist seine eigene, die es ihm erlaubt, über fremde Menschen zu richten, sie zu verachten und schlecht zu behandeln, nur weil sie anders sind als er.

– Papa, jetzt muss ich aber einen bösen Ausdruck benutzen: Der Rassist ist ein übles Schwein.

– Das Wort ist schwach, Mériem, aber es trifft zu.

TAHAR BEN JELLOUN

Ein weiser Richter

Eines Tages kamen zwei Prostituierte zum König und trugen ihm einen Rechtsstreit vor.

»Mein Herr und mein König«, sagte die eine, »diese Frau und ich wohnen im selben Haus. Sie war dabei, als ich einen Sohn zur Welt brachte. Zwei Tage danach bekam sie selbst einen Sohn. Nur wir beide waren zu dieser Zeit im Haus, kein Fremder war da. Eines Nachts wälzte sie sich im Schlaf auf ihr Kind und erdrückte es, sodass es starb. Da stand sie mitten in der Nacht auf und nahm mir mein Kind weg, während ich schlief. Dafür legte sie ihr eigenes Kind neben mich. Als ich am Morgen erwachte und das Kind stillen wollte, war es tot. Doch als ich es genau ansah, merkte ich, dass es gar nicht das meine war.«

»Das ist nicht wahr«, rief die andere, »mir gehört das lebende Kind und dir das tote.« »Nein«, rief die Erste, »das tote ist deins, das lebende meins!« So stritten sie sich vor dem König.

Da sagte Salomo: »Ich sehe, hier steht Aussage gegen Aussage. Jede behauptet, das lebende Kind gehöre ihr und das tote der anderen.« Er ließ ein Schwert bringen und befahl seinen Leuten: »Zerschneidet das lebende Kind in zwei Teile und gebt jeder von ihnen die Hälfte.«

Da geriet die Mutter des Kindes außer sich vor Angst und rief:« Ach, mein Herr und König! Gebt es ihr, aber lasst es leben!« Die andere aber sagte: »Weder dir noch mir soll es gehören. Zerschneidet es nur!«

Der König entschied:« Tötet es nicht! Gebt es der Ersten! Sie ist seine Mutter!«

Überall in Israel erfuhr man von diesem Urteil des Königs, und alle schauten in Ehrfurcht vor ihm auf. Sie sahen, das Gott ihm Weisheit geschenkt hatte, sodass er gerechte Entscheidungen fällen konnte.

2. KÖNIGE 3,16-28

Die Gedanken sind frei

Volksweise

Die Ge - dan - ken sind___ frei! Wer kann sie er -
ra - ten? Sie flie - gen vor - bei wie nächt - li - che
Schat - ten. Kein Mensch kann sie wis - sen, kein Jä - ger er -
schie - ßen mit Pul - ver und___ Blei. Die Ge - dan - ken sind frei.

2. Ich denke, was ich will und was mich beglücket,
doch alles in der Still' und wie es sich schicket.
Mein Wunsch und Begehren kann niemand verwehren,
es bleibet dabei:
die Gedanken sind frei!

3. Ich liebe den Wein, mein Mädchen vor allen.
Sie tut mir allein am besten gefallen.
Ich bin nicht alleine bei meinem Glas Weine,
mein Mädchen dabei:
die Gedanken sind frei!

4. Und sperrt man mich ein im finsteren Kerker,
das alles sind rein vergebliche Werke,
denn meine Gedanken zerreißen die Schranken
und Mauern entzwei:
die Gedanken sind frei!

5. Drum will ich auf immer den Sorgen entsagen,
und will mich auch nimmer mit Grillen mehr plagen.
Man kann ja im Herzen stets lachen und scherzen
und denken dabei:
die Gedanken sind frei!

Juni:

Natur erleben

1. Woche

Natur pur

Wir sind ein Teil dieser Erde – Was wir der Erde antun, tun wir uns selbst an!

Einfacher und genauer als mit diesem Satz können wir das Verhältnis von Natur und Mensch nicht beschreiben. Der Satz stammt aus einer Rede, die dem Indianer-Häuptling Seattle zugeschrieben wird. (Text s. 5. Woche).

Es kann uns nicht gleichgültig sein, was auf der Erde geschieht – weltweit. Die Erde ist ein Organismus, so wie der Mensch ein Organismus ist. Missbrauch, auch wenn er weit weg von uns geschieht, wirkt sich bei uns aus. Der Verlust an Sauerstoffreserven durch die Abholzung der Regenwälder ist dafür ein bekanntes Beispiel, die Erhöhung der UV-Strahlung durch die Verringerung der Ozonschicht (infolge der Abgase unserer Industriestaaten) ein anderes.

Um von der Natur zu lernen, müssen wir uns ihr mit offenen Sinnen nähern und zuschauen, wie Wachstum geschieht, was es fördert und was es hindert. Wir können hören und spüren, wo die Natur kraftvoll und lebendig mit sich im Einklang ist und wo sie leidet, dahinsiecht und verkümmert.

Wir sind ein Teil der Natur – und je besser wir sie kennen und verstehen lernen, desto besser verstehen wir auch uns.

Von der Natur lernen

Es scheint heute fast widersinnig, von der Natur als unserem Lehrmeister zu sprechen. Unser Alltag ist in weiten Teilen scheinbar unabhängig von den Einflüssen der Natur: Elektrizität sorgt jederzeit für Wärme und Licht, Fluglinien machen Südafrika zu unserem Gewächshaus, aus dem wir jederzeit ernten können, die Computertechnik

lässt die Welt zusammenrücken und in der Gentechnik versucht der Mensch, der Natur ihr »letztes« Geheimnis zu entreißen. Kinder erleben heute eigentlich die Macht und den Einfluss der Natur nur noch dort, wo Katastrophen zeigen, dass nicht alles so beherrschbar ist, wie wir es gerne hätten. Doch diese katastrophalen Erfahrungen fordern eher dazu heraus, die Natur noch besser zu kontrollieren und zu beherrschen, anstatt von ihr zu lernen.

Was können wir von der Natur lernen?

Wir sind eingeladen, mit den Kindern die Natur, ihre Weisheit und ihre inneren Gesetzmäßigkeiten neu zu entdecken und für uns fruchtbar zu machen:

- Die Kraft und die Weisheit jedes Samenkorns, in dem alles enthalten ist, was es braucht, um zum richtigen Zeitpunkt sich zu öffnen und seine ihm bestimmte Form zu erreichen. So können Samen in der Wüste über Jahrzehnte auf die seltenen Regenfälle warten, um dann zu keimen und zu blühen. Alles geht leichter, wenn es zum richtigen Zeitpunkt geschieht.
- Die Fähigkeit, sich den immer neuen Gegebenheiten anzupassen, ohne das eigene Wesen aufzugeben. So bilden z.B. Bäume, die zu eng zusammen gepflanzt werden, gemeinsam eine Baumkrone aus, sodass man sie aus der Ferne für einen Baum halten kann.
- Die Einzigartigkeit eines jeden Geschöpfes, denn es gibt nichts Lebendiges, was wirklich gleich ist (keine zwei Rosen sind wirklich gleich, keine zwei Äpfel, nicht einmal die Grashalme, oder eineiige Zwillinge – das Leben macht sie unverwechselbar)
- Die Selbsterhaltungsenergie der Schöpfung, das Bestreben sich immer wieder neu zu erschaffen. Nichts bleibt tot und leer, was der Mensch oder die Natur selbst verwüstet haben, auch wenn es manchmal sehr langsam geht. Die Schöpfung hat einen langen Atem.

Neugier reicht schon

Um dies zu entdecken, müssen wir gar keine Forschungen betreiben. Wir brauchen nur einen Spaziergang durch den Wald zu machen, am Strand entlang zu wandern, von den Bergen den Blick weit in die Ferne schweifen lassen, durch bunte Wiesen radeln, unter alten Bäumen picknicken, mit der Katze faul in der Sonne liegen. Wo wir uns ohne etwas zu wollen mit offenen Sinnen auf die Natur einlassen, schenkt sie uns die Berührung mit der Natur in uns und dann spüren wir Lebendigkeit, Freude und Optimismus in uns.

Zum Ausprobieren: Alles was lebt ist einzigartig – ein Wahrnehmungsspiel

Dieses kleine Spiel lässt sich in unzähligen Varianten spielen.
Beginnen Sie mit einem Korb möglichst gleich aussehender Äpfel. Lassen Sie jeden, der mitmachen will, einen Apfel herausnehmen. Jeder hat Zeit sich seinen Apfel ausgiebig anzuschauen, ihn zu befühlen, daran zu riechen. Hat er irgendwelche Besonderheiten? Etwas, was die anderen vielleicht nicht haben? Merken Sie es sich.
Dann legen Sie alle Äpfel zurück, mischen sie untereinander und teilen Sie wieder aus. Jeder schaut sich nacheinander die Äpfel an, gibt sie weiter, bis er seinen wieder hat.
Sie werden merken, es gibt keine zwei gleichen Äpfel, jeder wird seinen wieder finden.
Das Gleiche können Sie mit Birnen, Tomaten, Apfelsinen, Zitronen, Bananen, Nüssen, Tannenzapfen, Kastanien, Gänseblümchen, Rosen u.v.m. versuchen.
Sie können auch versuchen, Zitronen oder Kastanien oder Steine oder kleine Äste nur durch Tasten wieder zu erkennen.

2. Woche

Das Spiel der Elemente – Natur erleben

 Wem hat es als Kind nicht Spaß gemacht, sich den Wind um die Nase wehen zu lassen, faul in der Sonne zu liegen, im Wasser herumzutollen oder einfach auf der Wiese zu liegen und Wölkchen am Himmel zu zählen? Wenn Zeit und Gelegenheit da ist, finden Kinder schnell heraus, dass die Natur ein herrlicher Spielpartner ist.

Gut für den Körper

Gerade in den letzten Jahren entstehen verstärkt Initiativen, die Kinder in sogenannten Wald-Kindergärten wieder mit der Natur in Kontakt zu bringen. Die Kinder gehen jeden Tag, ganz gleich bei welchem Wetter, nach draußen und fühlen sich wohl dabei. Dies schadet ihnen nicht, im Gegenteil. Aus dem gleichen Grund gibt es in manchen Kindergärten und sogar an manchen Grundschulen einen »Draußen-Tag«. Kinder, die sich viel in der Natur bewegen, sind eher gesünder als solche, die davor geschützt werden. Ihre Abwehrkräfte werden durch die unterschiedlichen Temperaturreize geschult. Auch ihr Körperbewusstsein und ihr Gleichgewichtssinn entwickelt sich besser. Kinder, die viel draußen sind, sind körperlich viel geschickter und beweglicher.
Auch die Fantasie wird angeregt und im Umgang und Spiel mit einfachsten Dingen (Zweigen, Moos, Erde, Wasser, Steinen, Laub) wächst die Geschicklichkeit, aus Wenigem etwas zu erschaffen, was Freude macht.

Zum Ausprobieren: Es gibt kein schlechtes Wetter, sondern nur schlechte Kleidung.

Gut für die Seele

Wenn uns die Schönheit einer kleinen Blüte berührt, oder die Weite einer Landschaft, dann spüren wir Freude in uns – und die Freude bringt Licht in unsere Seele. Sich über etwas freuen und vor allem staunen können macht die Seele weit und leicht.
Und die Natur bietet uns unzählige Eindrücke, über die wir staunen können:

- Da gibt es Pflanzen, die an den unmöglichsten Stellen aufkeimen (nicht nur der Löwenzahn im Asphalt, auch der Efeu in der Mauer oder die Birke auf dem Dach),
- da sind die Blumen und Büsche, die im Winter blühen (z.B. Christrosen, Schneeglöckchen, Zaubernuss, Winterjasmin, Winterduft-Schneeball),
- da sind die zarten neuen Sprosse auf öden Flächen, an gefällten Bäumen, wo scheinbar alles abgestorben war,
- da sind die sanften Nebel im Tal, die sich in der Sonne auflösen,
- da ist das Schweigen in einem Winterwald oder der Jubel der Vogelstimmen im Frühjahr. Wer die vielen kleinen Wunder sieht, schöpft Hoffnung und Zuversicht.

> Je länger ich die Natur betrachtete, desto mehr ließ ich mich von all dem bezaubern, was um mich herum geschah. ... Langsam nahmen die Farben und Formen der Natur meine Sinne und meinen Verstand in Beschlag, vertrieben die Düsternis der schlaflosen Nächte.
>
> SUSANNA TAMARO

Feuer – Wasser – Erde – Luft

Die einzelnen Elemente, als Sinnbild für die verschiedenen Kräfte der Natur, berühren uns in vielfältiger Weise körperlich und seelisch.

- Das Feuer der Sonne wärmt uns und schenkt uns Lebensmut.
- Das Wasser erfrischt uns, schenkt uns Beweglichkeit.
- Die Erde trägt und ernährt uns, schenkt uns Wurzeln und Beständigkeit.
- Die Luft reinigt und belebt uns, schenkt uns Leichtigkeit und Lebendigkeit.

Sich den Elementen auszusetzen, ihrer Kraft und ihrer Berührung, hilft uns gesund zu bleiben.

Die Natur ist heilsam. Sie gibt ohne Gegenleistungen zu fordern

In der Therapie hat sich die Erfahrung längst durchgesetzt, dass das Erleben der Natur den Gesundungsprozess unterstützt. Zum Beispiel wird die Natur heute im Kurbereich auf verschiedene Art und Weise mit einbezogen (Luftkurorte, Sole- und Moorbäder, Kneip´sche Anwendungen, Fastenwanderungen, Yoga- und andere Sportübungen im Freien). – Warum können wir nicht vorher schon die kostenlose Therapie der Natur nutzen, indem wir uns einfach auf sie einlassen?

Zum Ausprobieren

Was Kindern und Erwachsenen gut tut:
- ein Morgenspaziergang durch taunasse Wiesen,
- eine Wanderung auf einen Berg,
- eine Blätterschlacht mit trockenem Laub,
- eine Schlittenfahrt durch einsame, aber ungefährliche Hügel,
- barfuß durch die Brandung,
- mit lauten Schreien gegen den Wind laufen,
- einen Wiesenhügel hinunterrollen,
- den Duft von frischem Heu riechen,
- im Baum sitzen und Früchte naschen,
- …

Erinnern Sie sich noch, was Ihnen als Kind Freude machte? Vielleicht macht es Ihren Kindern auch Freude. Wenn sie keine Gelegenheit haben, es kennen zu lernen, können sie es nicht wissen.

Wünschelrute

Schläft ein Lied in allen Dingen,
Die da träumen fort und fort,
Und die Welt hebt an zu singen,
Triffst du nur das Zauberwort.

JOSEPH VON EICHENDORFF, 1838

3. Woche

Bäume

Menschen und Bäume

 Seit jeher fühlten sich die Menschen mit den Bäumen eng verbunden. Dies ist nicht verwunderlich. Bäume haben nicht nur Wurzeln, sondern sie sind die Wurzel menschlicher Entwicklung. Sie speisen das Feuer und wärmen die Nahrung, aus ihnen entsteht das Zuhause, sie ernähren den Menschen. In den alten Mythen ist der Baum nicht nur Wohnung, Fruchtschenkender oder Hoffnungsträger, manchmal verbindet er auch mit einer anderen Welt.

Im Märchen von Aschenputtel z.B. wächst ein Spross zu einem Baum heran und verbindet Aschenputtel mit der toten Mutter.

In der Beobachtung der Bäume erkennt der Mensch die Urgesetze des Lebens und sich selbst.

Hildegard von Bingen schrieb im Mittelalter:

Unsere Seele durchströmt den Körper wie der Saft den Baum.
Durch den Saft grünt er, bringt Blüten und Frucht,
so auch der Körper durch die Seele.
Erkenntnis ist wie die Grünkraft der Zweige und Blätter,
der Wille ist wie die Blüten,
der Geist wie erste hervorbrechende Frucht,
die höhere Weisheit wie die vollendete Frucht.
Darum, o Mensch erkenne, was du in deiner Seele bist.

Der Mensch ist wie ein Baum

Das Leben des Baumes ist oft ein Sinnbild für das Werden des Menschen.
So wird der Mensch in der jüdischen Tradition direkt mit dem Baum verglichen:

> Der Mensch, der dem Göttlichen vertraut,
> ist wie ein Baum gepflanzt an den Wasserbächen,
> der seine Frucht bringt zu seiner Zeit,
> und alles was er macht gerät wohl.
>
> PSALM 1,3

Drei Baum-Gleichnisse

Die Wühlmäuse

In unserem Garten stand ein Baum. Er wackelte ein wenig, die Blätter waren noch grün. Als ich ihn anfasste, konnte ich ihn mit einer Hand aus der Erde ziehen. Die Wühlmäuse hatten seine Wurzeln abgefressen. – Jetzt schütze ich seine Wurzeln. Ich umgebe die Wurzeln mit einem engen Maschendrahtgeflecht. Dies umhüllt ihn, bis seine Wurzeln den Draht sprengen können. Dann ist der Baum groß und die Wühlmäuse können ihm nichts mehr anhaben. Es ist wichtig, dass das Drahtgeflecht die richtige Größe hat. Ein zu kleines Drahtgeflecht engt den Baum ein und er wächst schlecht heran. Ist das Geflecht zu groß, schützt es nicht ausreichend. Es gilt für den jeweiligen Baum das richtige und wohltuende Maß zu finden. Dann wird der Baum selbstständig wachsen.
Ist es mit uns Menschen so anders?

Der Baum und der König

Ein guter König oder eine gute Königin ist wie ein Baum. Sie stehen mit ihren Füßen tief verwurzelt in der Erde und tragen oben eine Krone.

Eine merk-würdige Beobachtung

Ein Baum hat eine merk-würdige Eigenschaft. Aus allen Haltungen, die ihm das Leben zufügt, möchte er wieder aufrecht nach oben streben.

Der Geburts- oder Taufbaum

In vielen Gegenden ist es ein alter Brauch, dem Kind zur Geburt oder Taufe einen Baum zu pflanzen. Meist ist dies ein Apfel- oder ein anderer Obstbaum. Obstbäume bringen Frucht und dem Kind wird so gewünscht, dass es auch Frucht bringe.

Wer keinen Platz für einen Baum hat, kann auch im Sinne des Kindes einen Baum für ein Projekt spenden, dort steht der Baum dann als Zeichen für die ganze Gemeinschaft der Menschen; oder eine der Initiativen unterstützen, die sich um den Erhalt der Wälder bemühen.

Drei Adressen dazu:

■ Initiative »Wald der deutschen Länder« (Bäume für die Wüste Negev), Kaiserstraße 28, D-40949 Düsseldorf
■ Geo schützt den Regenwald e. V., D-20444 Hamburg
■ BUND – Bund für Umwelt und Naturschutz e.V., Am Köllnischen Park 1, D-10179 Berlin

Zum Ausprobieren: Kreative Ideen mit Bäumen

■ den Saft im Baum rauschen hören (im Frühjahr mit einem Stethoskop oder einem selbstgebastelten Hörrohr)
■ die Rinde verschiedener Bäume blind ertasten und sie später daran wieder erkennen
■ Bäume anhand der Blätter oder Früchte oder ihrer Wuchsform bestimmen
■ aus dicker Borke von abgeschlagenen Nadelholzbäumen kleine Möbel (Bänke) oder Boote schnitzen
■ eine Baumhütte bauen
■ einen Baum »adoptieren«, ihn immer wieder besuchen und für sein Wohlergehen sorgen
■ sich in einen ausgewählten Baum hineinversetzen, seine Geschichte erzählen
■ einen Baum suchen, der mir ähnlich ist
■ einen Fotokalender mit Bildern eines Baumes durchs ganze Jahr gestalten

Eine Übung für jeden Tag

Eine kleine Übung, aus einer Tai Chi Übung entwickelt, nimmt das Wachsen des Baumes und die Kraft der Vier Elemente auf und lädt uns ein, im Üben ein wenig von dieser Kraft zu spüren. Die Übung macht auch Kindern Spaß und ist am schönsten, wenn sie im Freien (barfuß) geübt wird.

Vorbereitung: Ruhig werden, sich innerlich sammeln	Stehen mit parallelen Füßen – hüftbreit
Ich pflanze einen Baum in die Erde,	Hände zur Schale zusammenlegen, sich zum Boden neigen –
und bitte den Himmel, dass er wächst,	sich aufrichten, Hände und Arme weit – nach oben öffnen.
durch das Feuer der Sonne	Arme im weiten Kreis sinken lassen, vor dem Bauch mit den Handflächen nach außen wegstoßen, Ausfallschritt rechts
und die Frische des Regens	rechter Fuß wieder zurück, gleichzeitig Hände über den Kopf und mit den Fingern wie eine Dusche über Kopf, Schultern, Oberkörper hinabstreichen.
soll der Baum wachsen	
(Sonne und Regen wiederholen, mit Ausfallschritt links)	
So wird er groß und stark und kann seinen Raum einnehmen.	Langsam die Arme weit ausbreiten und sich dabei einmal im Kreis drehen,
Und wenn ich von seinen Früchten esse, werde ich genauso groß und stark wie mein Baum.	erst den rechten Arm heben und mit einer runden Bewegung über die Stirn zum Mund und zum Bauch führen, dann das Gleiche mit dem linken Arm.

4. Woche

Heilpflanzen – Geschenke der Natur

Die Natur heilt

Über Jahrhunderte, Jahrtausende hinweg versuchten die Menschen, aus der Beobachtung der Natur Heilmittel zu finden.

Lange vor den Ärzten gab es die Heilkundigen, die in spezieller Weise das Wissen von ihren Vorfahren erlernten und es durch eigene Studien festigten und erweiterten. Neben dem Grundwissen, welche Pflanze in welcher Form bei welcher Krankheit Heilkraft entwickelt, gehörte auch die Schulung der spirituellen Kräfte zu dieser Ausbildung. Denn Krankheit wurde als ein umfassendes Geschehen angesehen, der ganze Mensch war krank und musste an Leib und Seele geheilt werden. Und Heilung geschah durch die Kraft der Natur, der Natur des Kranken und der Natur des richtig gewählten Heilmittels. Und in der Natur wirkte die Kraft der Schöpfung.

Medicus curat, natura sanat – »Der Arzt pflegt/sorgt, die Natur heilt«, wusste schon die Antike. Heute scheint dieser Zusammenhang verloren gegangen zu sein.

Alternative Medizin

Fast alle Medikamente haben ihren Ausgangspunkt in der Erforschung der Natur, nur ist dieser Zusammenhang durch die Herstellung und Art der Verwendung oft nicht mehr zu erkennen. Die Heilmittel haben ihre Seele verloren.

Die Angst vor den Nebenwirkungen führt heute dazu, dass viele Menschen wieder zu einfacheren, meist pflanzlichen Mitteln und alten Hausrezepten greifen. Doch dies alleine genügt nicht.

Auch die Einstellung zur Krankheit selbst hat sich verändert. Die traditionelle ganzheitliche Sicht (der ganze Mensch ist krank, nicht nur ein Teil) ist einem mechani-

schen Umgang mit der Krankheit (hier funktioniert etwas in meinem Körper nicht, dann nehme ich etwas und dann ist es weg) gewichen.

Doch auch hier merken viele Menschen heute, dass der isolierte Umgang mit der Krankheit nicht wirklich heilt.

Die alternative Medizin will den kranken Menschen wieder als Einheit von Leib und Seele ernst nehmen, und in der Behandlung vor allem die eigenen Kräfte des Kranken stärken, damit die Heilung von innen heraus geschehen kann.

Wissen macht unabhängig

Früher wurde es von Generation zu Generation vor allem von den Frauen weitergegeben: Das Wissen um die Heilkraft der Pflanzen.

Einfache Rezepte, was zu tun sei bei einer Erkältung, bei Husten, oder leichtem Fieber gehörten zur Familientradition. Was unsere Großmütter noch wussten, müssen wir uns heute wieder neu aneignen. Dazu gehört auch ein gründliches Faktenwissen, denn gerade weil Heilpflanzen und die daraus gewonnenen Heilmittel wirken, muss ich mit ihnen sorgfältig und verantwortlich umgehen.

Doch es macht Spaß, die Pflanzen wieder kennen zu lernen, sie in der Natur zu suchen und zu erkennen, ihre Wirkung zu studieren und auch um ihre Gefahren zu wissen.

Vieles wächst in unseren Gärten (oder könnte da wachsen) und ich kann die Kinder daran beteiligen die Pflanzen kennen zu lernen, sie anzupflanzen und zu hegen, und den richtigen Zeitpunkt zu wählen, um sie zu ernten. Ich kann mit ihnen nach unberührten Ecken suchen, wo ich Wildpflanzen mit gutem Gefühl sammeln kann.

Wenn wir auf unser altes Wissen zurückgreifen, können wir uns aus der zunehmenden Abhängigkeit von der Gesundheitsindustrie lösen. Womit unsere Vorfahren sich halfen, hat immer noch seinen Wert. Sicher gibt es Grenzen, wenn die Krankheit zu stark wird, aber bis dahin können wir aktiv selbst noch viel für uns tun.

Die Natur schenkt uns vieles, was wir brauchen!

Einige einfache Rezepte zum Ausprobieren:

■ *Fenchel und Kümmel* sind dekorative Pflanzen, und aus den Samen lassen sich wohltuende Tees bei Bauchschmerzen und Blähungen herstellen.

■ *Salbei* kann in der Küche manchem Gericht die besondere Würze geben, seine Blüten sind eine Augenweide und ein Paradies für viele Insekten – ein Vorrat an getrockneten Blättern hilft, die Halsentzündungen im Herbst und Winter mit einem Salbeitee schon am Anfang zu mildern.

■ *Beinwell* ist heute kaum mehr bekannt. Die wuchsfreudige Staude bekommt viele blaue Blütchen und ist bei Bienen und Hummeln sehr beliebt. Ein Umschlag mit frischen Blättern um verstauchte Finger-, Hand- oder Fußgelenke fördert die schnelle Heilung. Bei Brüchen hilft das daraus hergestellte homöopathische Mittel Symphytum die Knochen schneller zusammenwachsen zu lassen.

■ *Ringelblumen* zieren jeden Blumengarten, und im Herbst lässt sich aus den Blüten eine Salbe (Calendula) herstellen, die das ganze Jahr über bei kleinen und großen Entzündungen desinfizierend und heilend wirkt.

■ Auch *Arnika* ist eine ausdauernde Pflanze, die bei uns wachsen kann. Arnika Tinktur hilft äußerlich bei allen Prellungen, Blutergüssen und stumpfen Verletzungen. Das daraus hergestellte homöopathische Mittel hat erstaunliche Heilwirkung bei allen Unfällen mit Stürzen, Prellungen und Kopfverletzungen.

■ Haben Sie eine *Linde* in der Nähe? Die unscheinbaren Blüten im Frühjahr gesammelt und getrocknet ergeben einen schweißtreibenden Tee, der eine beginnende Erkältung schnell vorübergehen lässt.

■ *Zwiebeln* gibt es fast in jedem Haushalt. Ein Säckchen mit klein geschnittenen rohen Zwiebeln auf ein schmerzendes Ohr gelegt, wirkt selbst bei starken Schmerzen Wunder. Ein Sirup aus Holundersaft, Zwiebeln und Honig schmeckt vielleicht etwas ungewohnt, ist aber ein gutes Mittel gegen Erkältungen und vor allem gegen

Husten. Und Allium cepa, das aus der Zwiebel gewonnene homöopathische Mittel, hilft bei vielen Erkältungs- und Heuschnupfen-Beschwerden.

■ *Zitronen* wachsen zwar nicht bei uns, aber ein feuchter Umschlag aus Zitronensaft auf der Brust, mit einem warmen Wollschal darüber, hilft festsitzenden Schleim zu lösen und mildert den Husten.

Geschichten und mehr

Neulich auf der Weide

 Es war einmal ein Schäfer, der in einer einsamen Gegend seine Schafe hütete. Plötzlich tauchte in einer großen Staubwolke ein nagelneuer Cherokee Jeep auf und hielt direkt neben ihm. Der Fahrer des Jeeps, ein junger Mann im Brioni-Anzug, Cerutti-Schuhen, Ray Ban-Sonnenbrille und einer YSL-Krawatte steigt aus und fragt ihn: »Wenn ich errate, wie viele Schafe Sie haben, bekomme ich dann eins?«

Der Schäfer schaut den jungen Mann an, dann seine friedlich grasenden Schafe und sagt ruhig: »In Ordnung.«

Der junge Mann parkt den Jeep, verbindet sein Notebook mit dem Handy, geht im Internet auf eine NASA-Seite, scannt die Gegend mithilfe seines GPS-Satellitennavigationssystems, öffnet eine Datenbank und 60 Excel-Tabellen mit einer Unmenge Formeln. Schließlich druckt er einen 150-seitigen Bericht auf seinem Hi-Tech-Minidrucker, dreht sich zu dem Schäfer um und sagt: »Sie haben hier exakt 1586 Schafe.«

Der Schäfer sagt: »Das ist richtig, suchen Sie sich ein Schaf aus.«

Der junge Mann nimmt ein Tier und lädt es in den Jeep ein. Der Schäfer schaut ihm zu und sagt: »Wenn ich Ihren Beruf errate, geben Sie mir dann das Tier zurück?«

Der junge Mann antwortet: »Klar, warum nicht.«

Der Schäfer sagt: »Sie sind ein Unternehmensberater.«

»Das ist richtig, woher wissen Sie das?« will der junge Mann wissen.

»Sehr einfach«, sagt der Schäfer, »erstens kommen Sie hierher, obwohl Sie niemand gerufen hat. Zweitens wollen Sie ein Schaf als Bezahlung haben dafür, dass Sie mir sagen, was ich ohnehin schon weiß, und drittens haben Sie keine Ahnung von dem was ich mache, denn Sie haben sich meinen Hund ausgesucht.«

■ ■ ■

Aus der Rede des Häuptlings Seattle

Der große Häuptling in Washington sendet die Nachricht, dass er unser Land zu kaufen wünscht. (...)

Wie kann man den Himmel kaufen oder verkaufen – oder die Wärme der Erde? Diese Vorstellung ist uns fremd. Wenn wir die Fische der Luft und das Glitzern des Wassers nicht besitzen – wie könnt ihr sie von uns kaufen?

Jeder Teil dieser Erde ist meinem Volk heilig, jede glitzernde Tannennadel, jeder sandige Strand, jeder Nebel in den dunklen Wäldern, jede Lichtung, jedes summende Insekt ist heilig in den Gedanken und Erfahrungen meines Volkes. Der Saft, der in den Bäumen steigt, trägt die Erinnerung des roten Mannes. Die Toten der Weißen vergessen das Land ihrer Geburt, wenn sie fortgehen, um unter den Sternen zu wandeln. Unsere Toten vergessen diese wunderbare Erde nie, denn sie ist des roten Mannes Mutter.

Die Körperwärme des Ponys – und des Menschen – sie alle gehören zur gleichen Familie. (...)

Die Flüsse sind unsere Brüder – sie stillen unseren Durst. Die Flüsse tragen unsere Kanus und nähren unsere Kinder. Wenn wir Euch Land verkaufen, so müsst Ihr euch daran erinnern und Eure Kinder lehren: Die Flüsse sind unsere Brüder – und Eure – und Ihr müsst von nun an den Flüssen Eure Güte geben, so wie jedem anderen Bruder auch. (...)

Ich weiß nicht – unsere Art ist anders als die Eure. Der Anblick Eurer Städte schmerzt die Augen des roten Mannes. Vielleicht, weil der rote Mann ein Wilder ist und nicht versteht?

Es gibt keine Stille in den Städten der Weißen. Das Geklappere scheint unsere Ohren nur zu beleidigen. Was gibt es schon im Leben, wenn man nicht den einsamen Schrei des Ziegenmelkervogels hören kann, oder das Gestreite der Frösche am Teich bei Nacht. Ich bin ein roter Mann und verstehe das nicht. Der Indianer mag das sanfte Geräusch des Windes, der über eine Teichfläche streicht – und den Geruch des Windes, gereinigt vom Mittagsregen oder schwer vom Duft der Kiefern.

Die Luft ist kostbar für den roten Mann – denn alle Dinge teilen denselben Atem – das Tier, der Baum, der Mensch – sie alle teilen denselben Atem.

Der weiße Mann scheint die Luft, die er atmet, nicht zu bemerken, wie ein Mann, der seit vielen Tagen stirbt, er ist abgestumpft gegen den Gestank.

Aber wenn wir Euch unser Land verkaufen, dürft ihr nicht vergessen, dass die Luft uns kostbar ist.

Der Wind gab unseren Vätern den ersten Atem und empfängt den letzten.

(...)

Das Ansinnen, unser Land zu kaufen, werden wir bedenken, und wenn wir uns entschließen anzunehmen, so nur unter einer Bedingung: Der weiße Mann muss die Tiere des Landes behandeln wie seine Brüder.

(...)

Was ist der Mensch ohne die Tiere? Wären alle Tiere fort, so stürbe der Mensch an großer Einsamkeit des Geistes. Was immer den Tieren geschieht – geschieht bald auch den Menschen. Alle Dinge sind miteinander verbunden. Was die Erde befällt, befällt auch die Söhne der Erde.

Lehrt Eure Kinder, was wir unsere Kinder lehren: Die Erde ist Eure Mutter. Wenn Menschen auf die Erde spucken, bespeien sie sich selbst.

Denn das wissen wir – die Erde gehört nicht den Menschen – der Mensch gehört der Erde. Der Mensch schuf nicht das Gewebe des Lebens, er ist darin nur eine Faser. Was immer Ihr dem Gewebe antut, das tut Ihr euch selber an.

(...)

Eines wissen wir, was der weiße Mann vielleicht eines Tages erst entdeckt: Unser Gott ist derselbe Gott. Ihr denkt vielleicht, dass Ihr ihn besitzt – so wie Ihr unser Land zu besitzen trachtet – aber das könnt Ihr nicht. Er ist der Gott der Menschen – gleichermaßen der Roten und der Weißen. Dieses Land ist ihm wertvoll, und die Erde zu verletzen heißt, ihren Schöpfer zu verachten.

Jeder Teil dieser Erde

Kanon

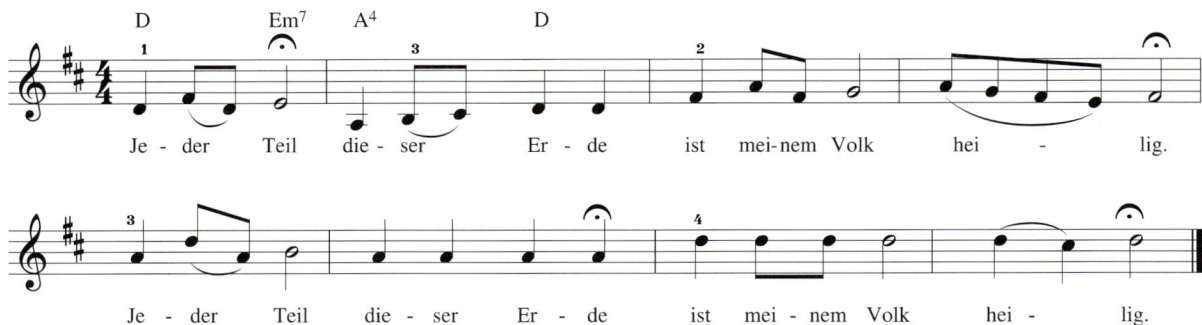

Je - der Teil die - ser Er - de ist mei-nem Volk hei - lig.

Je - der Teil die - ser Er - de ist mei - nem Volk hei - lig.

Text: Häuptling Seattle 1854
Musik: Stefan Vesper

Rede des Indianerhäuptlings Seattle
Aus: Mein Liederbuch, Band 1, 1981
Alle Rechte im tvd-Verlag, Düsseldorf

Tief in der Erde

Tief in der Er - de sind uns-re Wur - zeln, Er - de und Him - mel sind un - ser Zu-haus,

stark und wie - gend ist der Le - bens - baum,

brei - tet euch aus, brei - tet euch aus, ihr Zwei - ge der Lie - be.

T: Bärbel Wartenberg-Potter
M: Haschewenu (Kanon),
jüdisches Lied von M. Ben Uri

1. Woche

Zeit zur Muße

- Muße – Zeit ohne Pflicht und Verbindlichkeiten
- Alles ist getan
- Feierabend auf der Bank vor dem Haus
- Sommernachmittage, flirrende Hitze über dem Gras, Liegestuhl und ein Glas daneben
- Zurückgelehnt im Schaukelstuhl, das Buch ruht im Schoß, die Gedanken atmen Stille
- Improvisationen am Klavier, Pinselstriche ohne Eile, Blumen pflücken im Garten
- Kreativität, die nichts und niemand verpflichtet ist, die sich selbst genügt

Das Nicht-Verwertbare

Muße – das ist die Zeit für das Schöne, das Nutzlose, das Nicht-Verwertbare, die Zeit zum Atemholen und Loslassen, zum Erleben und Genießen. Diese Nutzlosigkeit im Sinne der Produktivität und des äußeren Gewinns hat die Muße in Verruf gebracht. Und doch ist sie ein wesentlicher Zugang zu innerer Zufriedenheit, Raum für Spiritualität und Kreativität.

Muße ist keine Langeweile, es ist das Genießen der inneren Freiheit dieses Augenblickes.
Leben geschieht im Augenblick – im jetzigen Augenblick.
Muße ist die innere Haltung, diesen Augenblick anzunehmen, sich hinzugeben an das Leben.

Urlaub – zwei Varianten

Zwei Menschen liegen am Strand in der Sonne.

Der eine liegt da und hört die Geräusche um sich, ... spürt den Wind am Körper, ... die Wärme der Sonne, ... lässt den Sand durch die Zehen rieseln, ... atmet die Luft ein und ist einfach da. Er genießt diesen zeitlosen Moment und ist zufrieden.

Ein anderer liegt genauso da, seine Sinne nehmen Ähnliches wahr, aber dies wird überlagert durch Gedanken: Bin ich schon braun genug? Fällt es auf, dass ich im Urlaub war? Oder: Sieht mich jemand, falle ich auf, bin ich attraktiv genug? Oder: Was muss ich noch machen? Hoffentlich wartet kein neuer Berg Arbeit auf mich. Wenn ich schon an die Kollegen denke ... oder: Langweilig. Nichts los hier. Ich würde jetzt lieber zu Hause am Computer spielen, shopping gehen ...

Freizeit – Zeit zur Muße?

Viele hetzen von Urlaub zu Urlaub, von Ferien zu Ferien, von Wochenende zu Wochenende.

Die Zeit ist angefüllt mit Aktivitäten, Terminen und dem Gefühl, das Leben sonst zu verpassen.

Je schneller wir laufen, desto größer wird die Sehnsucht nach Nichtstun und Atemholen, aber wir können die Alltagssorgen nicht loslassen, meinen unverzichtbar zu sein.

Wir laufen wie Hamster im Rad, immer bemüht, es in Bewegung zu halten, und sehen gar nicht mehr, dass es an der Seite offen ist, dass wir jederzeit aussteigen können.

Früher gab es den Feierabend, die Dämmerstunde, den arbeitsfreien Sonntag als feste Rituale, die allen gemeinsam eine Atempause ermöglichten. Das sind heute Worte, die dabei sind aus unserem Alltag zu verschwinden. Mit ihnen wird ein Stück Lebensqualität verloren gehen.

Das neue Wort heißt »Auszeit«. Es ist ein Wort für individuellen Rückzug. Es ist nicht mehr an gemeinsame Zeiten gebunden, sondern jeder bestimmt für sich selbst, wann er sich aus den alltäglichen Anforderungen ausklinken und Zeit für sich selbst nehmen

will. Ich kann jederzeit eine Auszeit nehmen: Mal fünf Minuten zwischendurch, mal eine Stunde, einen Tag, ein paar Wochen, ein ganzes Jahr.

Ob Feierabend, Wochenende, Urlaub oder Auszeit – es sind Einladungen zum Innehalten und sogar zum zeitweisen Aussteigen aus dem Alltag. Darin liegt die Chance, mit etwas Abstand die eigenen Zwänge zu lockern und zu erleben: Das Leben funktioniert auch ohne mich – ich bin nicht der Motor, der es im Laufen hält. Mit Abstand kann ich auch das Maß der Notwendigkeiten überdenken, die ich wirklich zum Leben brauche. Mit jedem, was ich streiche kann ich entdecken, dass weniger mehr sein kann.

Freizeit teilen

Urlaub/Ferien, Wochenende, freie Sonntage, Feierabende sind Chancen, Zeiten der Muße für sich zu entdecken – und mit den Kindern zu teilen.

Wieder sind wir als Vorbilder für die Kinder wichtig – wo sie uns nur in Hektik und Eile erleben, im Schaffen und Funktionieren, nehmen wir auch ihnen die Möglichkeit, das Leben gelassen zu genießen.

Spielen

Zur Muße gehört auch das Spielen um des Spielens willen, bei dem wir in die Fantasiewelt des Spiels eintauchen und Zeit, Fantasie und Kreativität miteinander teilen. Kleine Kinder haben noch die Fähigkeit, ganz im Spiel aufzugehen, wir können es von ihnen wieder lernen.

Das Spiel, in dem es nicht um Leistung und Gewinnen, um Austricksen und Besiegen geht, sondern um das schöpferische Spiel der Möglichkeiten »Was wäre, wenn..« gehört zu den besonderen Fähigkeiten des Menschen, macht einen Teil seines Menschseins aus.

Genießen Sie das Spiel mit den Kindern, es ist keine Pflichtübung, sondern die Einladung, Mensch zu sein.

Kreativität

Viele Kinder lernen heute ein Instrument, gehen ins Ballett oder zur Kunstschule. Alle diese kreativen Möglichkeiten kommen dem Bedürfnis nach Ausdruck entgegen und sind gut und wichtig für sie. Manchmal nur nimmt das (notwendige) Üben und Lernen so überhand, dass kein Raum mehr da ist, um das eigene Können zu genießen und kreativ damit umzugehen. Die wenigsten werden Profis und ziehen daraus ihren materiellen und persönlichen Gewinn. Aber jeder, der eine Form des Ausdrucks erlernt hat, kann damit sein Leben reicher machen – im Ausdruck seiner Gefühle, im kreativen Schaffen, im gemeinsamen Tun. Auch dafür brauchen wir Muße – und werden reich beschenkt.

Gedichte

In Gedichten kann der Augenblick zu Worten werden.

Ein heller Wintermorgen.
Die Holzkohle ist guter Laune,
knackt und sprüht.

ISSA

Ein Blütenblatt,
das zurückkehrt an seinen Zweig? –
Ein Schmetterling!

MORITAKE

Schneeflocken tanzen
Zwischen Himmel und Erde
Boten ohne Eile

G. M.

2. Woche

Stille

Zeiten der Muße und der Stille sind unverzichtbare Zeiten in unserem Leben.
Sie sind auch der Raum für grundlegende spirituelle Erfahrungen. Ohne Stille fehlt uns ein wesentlicher Erfahrungsbereich, in dem wir die leisen Stimmen des Lebens entdecken können. »Hör auf deine innere Stimme!« – Wie soll das gehen, wenn wir weder äußerlich noch innerlich zur Stille finden?

Äußere Stille

Viele Menschen fühlen sich nur wohl, wenn irgendeine Form von Geräuschkulisse um sie ist. Sie kommen nach Hause, machen das Radio oder den Fernseher an, nicht um sich etwas anzuhören, sondern damit die Wohnung nicht zu still ist. Auch in den Kinderzimmern läuft immer etwas nebenher. Und wenn es nachts ganz still ist, macht dies eher Angst als neugierig.

Warum ist es so schwer, Stille auszuhalten?

Drei Gründe fallen mir ein:

1. Es ist einfach Gewohnheit. Wer damit groß wird, dass immer etwas um ihn herum los ist, vermisst einfach etwas, wenn es zu ruhig ist.
2. Es gibt schlechte Erfahrungen mit Stille, z.B. allein sein zu Hause oder gar nachts aufzuwachen im leeren Haus; die Stille, wenn keiner mit dem anderen redet; gedrückte Stille bei Krankheit oder Trauer.

3. Im Gegenzug dazu fehlen die positiven Erfahrungen, dass es z.B. schön sein kann, im gleichen Raum zu sein, zu lesen, zu basteln, zu träumen, ohne viel miteinander zu reden; oder der Abend- oder Morgendämmerung zuzuschauen, oder in den Armen der Eltern zu kuscheln und einfach die Stille zu genießen.

Wie Stille gut tut

Zum positiven Erleben der Stille gehört in irgendeiner Weise immer Vertrauen und Geborgenheit dazu. Ich kann mich auf die Stille einlassen, wenn ich mich geborgen bei lieben Menschen weiß, oder wenn die Natur für mich ein schützender Raum ist oder wenn ich mich geborgen im Glauben an Gott, an eine größere Wirklichkeit fühle. Vielleicht suche ich sie sogar.

Denn die Stille kann uns viel geben. In der Stille erlebe ich vieles intensiver, ob das die Natur oder die Menschen um mich herum sind oder meine Gefühle und Empfindungen in mir. Mit der Stille reduziere ich auch die äußeren Eindrücke und ich kann auf einmal das Einzelne wieder in seinem Wert entdecken. Ich brauche weniger zu reagieren und kann wieder durchatmen. Stille ist Erholung für unsere Sinne, Atemraum für unsere Seele, Erfrischung für unseren Geist.

Zum Ausprobieren:

Entdecken Sie mit Kindern die Stille:

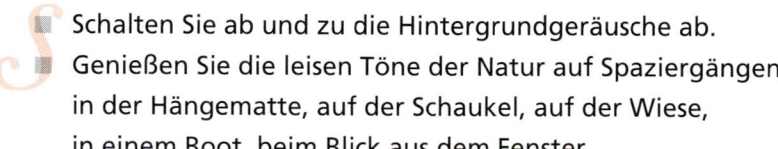

- Schalten Sie ab und zu die Hintergrundgeräusche ab.
- Genießen Sie die leisen Töne der Natur auf Spaziergängen,
  in der Hängematte, auf der Schaukel, auf der Wiese,
  in einem Boot, beim Blick aus dem Fenster.
- Gehen Sie Wege, die sonst keiner geht oder zu Tageszeiten,
  die ruhig sind.
- Hören Sie ruhige Musik
  (denn Stille muss nicht tonlos sein).

■ Gehen Sie gemeinsam in alte Gärten, Parks, Klöster und Kirchen. Dies muss nicht lange und die ganze Zeit in Stille sein, aber es schafft Raum für stille Momente, in denen wir innerlich berührt und beschenkt werden können.

Innere Stille

Äußere Stille muss nicht immer zu innerer Stille führen – im Gegenteil, manchmal wird es fürchterlich (im wahrsten Sinne des Wortes) laut in uns, gerade wenn es um uns still ist. In der Stille kommen wir uns nahe, und damit auch unseren Sorgen und verdrängten Gedanken, unseren Ängsten und unterdrückten Gefühlen.
Deshalb meiden manche die Stille. Aber in dieser Erfahrung steckt eine Chance. Wenn ich mich mit dem, was mir in der Stille begegnet, auseinander setze, mich mit meinen Fehlern versöhne, meine Stärken und Schwächen gleichermaßen anerkenne, Vergangenes loslasse und Zukünftiges nicht schon jetzt beurteile, gewinne ich innere Freiheit und Energie und kann innerlich Ruhe finden. Wenn es in uns still wird, können Zufriedenheit und Dankbarkeit einziehen.
Und wer innerlich zufrieden und dankbar ist, braucht die äußere Stille nicht mehr notwendigerweise, um innerlich still zu werden. Er trägt die Stille mit sich.
Kinder sind da oft noch näher dran. Ermöglichen Sie ihnen Stille und glauben Sie ihnen, wenn sie von ihren Erfahrungen erzählen.

Drei Schritte zur inneren Stille

Der erste Schritt dazu kann gezielte Entspannung sein, die Einübung in das körperliche und geistige Loslassen. Ich lasse alles so sein, wie es ist.
Der zweite Schritt ist das Verweilen in der Stille. Dies kann zur Selbstbegegnung führen, zur Annahme meiner selbst. Innere Stille hat wie die äußere Stille viel mit Geborgenheit und Vertrauen zu tun, vor allem mit Vertrauen in meine eigene Person und meinem innersten unzerstörbaren Wert.

Der dritte Schritt ist die Öffnung für das, was in der inneren Stille spürbar wird – die Erfahrung einer anderen Wirklichkeit.

Auf allen Meditationswegen werden Sie diesen drei Schritten begegnen. Sie sind keine Abfolge, einmal zu gehen, sondern sie vertiefen sich in immer neuen Erfahrungen.

Worte

Stille und Vertrauen schenken euch Kraft.

In der Stille verbrachte Zeit ist nie verlorene Zeit.

Wer die Stille meidet, meidet sich selbst.

Die Stille ist wie der Fuchs, sie will gezähmt werden,
ehe sie dir ihr Geheimnis anvertraut.

3. Woche

Fasten

Was mir einfällt

- Sieben Wochen ohne
- Gewinn durch Verzicht oder weniger ist mehr
- Körperliche Reinigung – Fasten für die Gesundheit
- Abwerfen von Ballast
- Ein voller Bauch studiert nicht gern
- Der Geist wird leicht, wenn der Bauch leer ist
- Religiöse Tradition aller Völker – Vorbereitung auf besondere religiöse Feste
- Fasten ist nicht Hungern
- Fasten auf allen Ebenen – körperlich – seelisch – geistig

Hat Fasten etwas mit Stille, mit Muse zu tun?

Dem gängigen Verständnis nach sicher nicht. Wer heute fastet bekommt meist zu hören: Du hast es doch gar nicht nötig! Oder: Ein paar Pfund weniger täten mir auch gut. Fasten wird eigentlich nur als eine radikale Form des Abnehmens angesehen. Mancher weiß vielleicht noch, dass Heilfasten gut für die Gesundheit sein soll, aber für mehr bleibt meist nur ein mitleidiges Schulterzucken.

Wie vieles, was nur noch in Form von Gebot und Verbot überlebt hat, ist das Fasten dabei, seine Wurzel zu verlieren. Dabei ist es seit Menschheitsbeginn ein elementarer Bestandteil des Lebens, durch den die spirituellen Kräfte des Menschen genährt und gepflegt wurden. Zunehmend gerät in Vergessenheit, dass Fasten ein freiwilliger Verzicht ist, die innere Vorbereitung auf große – religiöse – Ereignisse und Feste, ein inne-

res Leerwerden, das Raum schafft für ganz andere Erfahrungen. Wie der Rückzug in die Stille ist auch das Fasten ein Aussteigen aus dem normalen Alltagstrott, ein Heraustreten aus dem Fluss der Verbindlichkeiten und Forderungen, der Reizüberflutung, des Müssens und Sollens. Fasten und Stille ergänzen sich und führen in der Verbindung zu noch tieferen Erfahrungen. Nicht umsonst wird davon berichtet, dass Jesus sich 40 Tage in die Wüste zurückzog, wo er sich fastend auf seine Aufgabe vorbereitete. Natürlich kann nicht jeder radikal fasten, aber es gibt viele kleine Schritte mit denen wir vermitteln und vorleben können, dass Fasten nicht bedeutet, weniger zu essen um abzunehmen, sondern dass es eine Einladung ist, gegen den Strom des Alltäglichen zu leben, weil wir nur so der Quelle des Lebens und des Menschseins näher kommen können.

Fastenerfahrungen

Im Fasten sind Erfahrungen auf jeder Ebene möglich – körperlich – psychisch – spirituell.

Auf der körperlichen Ebene kann ich z.B. erleben, wie viel weniger wir eigentlich zu essen brauchen, als wir normalerweise zu uns nehmen. Auch werden die Sinne wieder viel bewusster – ich rieche, schmecke, fühle alles viel intensiver. Das Wasser, der Tee, die Gemüsebrühe – das einfachste Essen wird zum Geschmackserlebnis. Die körperliche Leichtigkeit macht Spaß und auch das Mehr an Beweglichkeit ist nicht zu verachten.

Auf der psychischen Ebene vermittelt jedes Fasten das Gefühl von Unabhängigkeit und Erfolg: Ich kann verzichten, wenn ich will, und halte das auch durch. Dies stärkt das Selbstbewusstsein und lässt auch andere Aufgaben machbar erscheinen. Daneben ist das Fasten eine Zeit des psychischen Aufräumens: Was will ich und was brauche ich eigentlich? Auch die Gefühle sind deutlicher und ungeschützter, ich spüre was mir schadet und was mir gut tut.

Der eigentliche Gewinn des Fastens liegt auf der spirituellen Ebene: Hier bringt uns das Fasten schnell mit den Grundfragen in Berührung: »Der Mensch lebt nicht vom Brot allein.« – Was ist das, was uns letztlich leben lässt?

Alle Religionen kennen Fastenriten. Sie gehören unabdingbar zur Ausübung jeder Religion. So gibt es das Fasten als Weg zur spirituellen Erkenntnis im Hinduismus und Buddhismus, Fasten als Zeit der Umkehr/Wandlung und der Vorbereitung auf alle wichtigen Ereignisse im Leben im Judentum und danach auch im Christentum und im Islam (Ramadan), Fasten als Zeit der Visionen und der Heilkräfte u.a. in den Naturreligionen, Fasten als Teil der Askese in allen Religionen. Dahinter steht die Erfahrung, dass der bewusste Verzicht auf körperliche Nahrung uns offener macht für alle geistigen Dinge.

Zum Ausprobieren – Fastenideen

Auf körperlicher Ebene ist das *Fasten für Gesunde* eine gute Möglichkeit, den Körper von den Schäden der Wohlstandsernährung zu entlasten.
Erwachsene können ein bis zwei Mal im Jahr für 5 bis maximal 14 Tage auf jede feste Nahrung verzichten (aber viel trinken).

Achtung:
Jugendliche sollten frühestens mit 16 Jahren damit beginnen, und dies nur dann, wenn sie sonst Freude am Essen haben. Die Erfahrung, mit wenig Nahrung auszukommen, kann sonst Tendenzen zu übertriebener Schlankheit bis hin zur Magersucht unterstützen.

Das Fasten soll uns nicht das Essen verleiden, sondern im Gegenteil das bewusste Essen und die Freude daran zurückschenken.
Teilfasten im Sinne eines bewussten Verzichts auf bestimmte Genuss- und Suchtstoffe ist auch schon für Kinder möglich. So können sie z. B im Rahmen einer Aktion »Sieben Wochen ohne« gemeinsam auf Schokolade, Fast Food oder Fleisch verzichten, und als Erwachsene auf Kaffee, Alkohol und/oder Zigaretten.
Ein solches Fasten regt zum Nachdenken über unsere Gewohnheiten an, und führt vielleicht zu nachhaltigen Veränderungen. Wenn wir es durchhalten, können wir auf jeden Fall auch einen Gewinn auf der psychischen Seite verbuchen. Der Erfolg führt zu innerer Unabhängigkeit.

Das Fasten ist die Speise der Seele

Wie die körperliche Speise stärkt, so macht das Fasten die Seele kräftiger und verschafft ihr beweglichere Flügel, hebt sie empor und lässt sie über himmlische Dinge nachdenken, indem es sie über die Lüste und Freuden des gegenwärtigen Lebens erhaben macht. Wie leichte Fahrzeuge das Meer schneller durchqueren, schwerbelastete Schiffe aber untergehen, so macht das Fasten die Gedanken leichter.

JOHANNES CHRYSOSTOMUS, 4. JH.

Traditionelle geistliche Fastenzeiten

Im Christentum gibt es zwei große Fastenzeiten, zum einen die Zeit zwischen Karneval/(Fastnacht = Nacht vor dem Fasten) und Ostern und der Advent. Beide haben ihre Besonderheiten.

Das *Fasten vor Ostern* wird vor allem in der orthodoxen Kirche nach wie vor stark beachtet. Es ist eine bewusste Zeit der körperlichen und seelischen Reinigung, die uns bereitmachen soll für den Neuanfang des Lebens, den wir in Ostern feiern. Für diese Zeit gibt es seit einigen Jahren die ökumenische Aktion »Sieben Wochen ohne«. Einige Anregungen dazu habe ich bereits genannt. Es ist aber möglich, den Verzicht in dieser Zeit auch auf andere Ebenen auszudehnen. So kann der Verzicht auf Fernsehen oder ähnliche Dinge Raum für geistige Inhalte schaffen. Das bewusste sparsame Essen kann zu einem sozialen Fasten führen, indem ich den Gewinn anderen Menschen zukommen lasse. So gehörten Fasten und Teilen schon immer eng zusammen. Mit dem eigenen Verzicht kann ich anderen eine Freude machen: »Nur was ich verschenke, habe ich wirklich besessen.«

Auch das *Fasten im Advent* ist eine Zeit der Vorbereitung, der Vorbereitung auf Weihnachten, dem Sichtbarwerden des Göttlichen in der Welt. Auch hier kann das leibliche Fasten die Erfahrung vertiefen.

Gleichzeitig werden wir in dieser Zeit aber gerade über die Sinne eingeladen, uns auf das Fest vorzubereiten. Der Geruch von Tannenzweigen und Kerzen, Bratäpfeln und Plätzchen gehört dazu, das sanfte Licht der Kerzen in der Dunkelheit, ruhige Musik, Nähe zu den Menschen, die man mag. Es ist die Zeit der Besinnung und der Familie, und da gehört das Essen dazu. In Familien kann die Fastenzeit im Advent daher im bewussten Essen und miteinander Teilen bestehen und im Verzicht auf alle Ablenkungen, die nach außen ziehen.

Lassen Sie sich zum Fasten, zum bewussten Verzicht, einladen und probieren Sie es einfach einmal aus.

4. Woche

Musik liegt in der Luft

Musik im Mutterbauch

 Musik begleitet uns von klein auf. Ungeborene Babys hören Musik im Mutterbauch und sie reagieren auf die Musik. Jedes Kind hat seine Vorlieben und Abneigungen, die einen lieben Bach und strampeln bei Beethoven, die einen swingen sich auf Jazzstücke wie »take five« ein, andere reagieren auf satte Grooves und Beats. Wie weit daraus Vorlieben oder Abneigungen werden, weiß niemand so genau. Aber es ist eine schöne Erfahrung, mit Ungeborenen über Musik in Kontakt treten zu können.

Und es zeigt: Musik ist vor allen Worten. Musik ist Schwingung, die mich ganz tief berührt und mit der ich deshalb alles, was mich sonst im Leben berührt, ausdrücken kann.

Berührungen

Als ich 13 oder 14 Jahre alt war, sah ich zwei Fernsehsendungen, die mich nachhaltig beeinflussten und berührten.

Ich sah einen schwarzen Tänzer, der mit freiem Oberkörper Jazz, Gospel und Klassik tanzte. Es war nicht nur faszinierend, sondern es kam etwas Unbegreifliches herüber. In dem Interview erklärte er es so:

Dancing is praying with the body

Die zweite Erfahrung war mit etwa 15 Jahren. In dieser Zeit (ca. 1967) gab es in Deutschland wenig ausdrucksstarke Musik, die Inhalte waren bescheiden, die neuen Liedermacher kannte ich kaum, ... Was gab es noch neben dem Beat und dem Jazz,

den ich fast jeden Abend von 19.30–20.00 Uhr oft mit dem legendären Joachim-Ernst Berendt hörte?

Ich sah eine Live-Show aus Saarbrücken mit Gilbert Becaud, lange vor »L'important ce la rose«. Bewegung, Musik und Text waren eins. Und ich begann mich für Brassens, Brel, Greco u.a. zu interessieren. Es war eine Offenbarung. Ich habe die LP gekauft usw. Später folgte die Ernüchterung, aber mir wurde deutlich: Musik kann mein Innerstes erreichen und berühren.

Eine dritte Berührung ganz anderer Art

1972 war ich mit der Delegation der Evangelischen Jugend bei den Weltjugend-festspielen in Ost-Berlin/DDR. Es gab heiße, spannende, faire und unfaire Diskussionen und Begegnungen. Es war fast das Ende der Zeit, die jetzt im Zusammenhang mit Joschka Fischer wieder diskutiert wird.

Am Schluss saßen alle im Stadion nebeneinander und am Ende wurde die Internationale gespielt. Nun reagiere ich auf Massenuniformität körperlich. Mir wird es ernsthaft – ohne meinen Willen – übel. Deshalb saß ich noch dort und sehe alle Aufstehen. So weit o.k., dann gingen alle Arme zur Faust geballt nach oben. Menschen aller Parteifarben stemmten gemeinsam die Arme hoch und sangen.

Was mich erschrak, war die Uniformität und das Ausblenden aller Kontrollmechanismen, ob CDU, ob DKP, ob FDP, ob SPD, ob katholische Jugend, ob ... egal, alle handelten gleich. Und es waren bekannte politische Namen dabei. Nun ist Solidarität wertvoll, aber mich erschrak nicht die Solidarität, sondern der Massenrausch. Auch dazu kann Musik verleiten und missbraucht werden. Insofern sind wir alle nicht ohne eigene Fehler und machen ganz schön viel mit.

My Generation

So heißt ein Song von den »Who«. Jede Generation hat ihre Musik, ihren Sound, ihre Tänze. Ob Walzer oder Charleston, Tango oder Rock'n Roll, ob Beat oder Punk, ob Rap oder Techno – die Generationen der jungen Leute suchen das Eigne und Unverwechselbare. Alle Tänze vom Walzer bis zum Techno hatten und haben ihren Drive, ihre Erotik, ihre Widerständigkeit und Rebellion gegenüber dem Traditionellen und Gewohnten. Verbote und Moralisierungen haben nie geholfen. Notfalls geht die Musikrichtungund der Tanz in den Untergrund und existiert dort kreativ und kraftvoll weiter. Es ist nicht leicht für junge Menschen, wenn Eltern flexibel sind und den Musikgeschmack ihrer Kinder »zu sehr« lieben. Es fehlt dann ein Raum der eigenen Freiheit und Auseinandersetzung.

Musik ist Kultur-gut

Die Europäische Kultur, und nicht nur sie, ist maßgeblich mit Musik verbunden. Von der Gregorianik bis heute prägen unterschiedliche Musikstile und die Musikentwicklung das Leben der Menschen in Europa. Das Schöne und Wertvolle an der Musik ist, dass sie die Grenzen der Länder überschreitet und Verbindungen schafft. So sind Barock und Klassik, Romantik und Beat, Jazz und Blues, Song und Chanson nicht auf ein Land beschränkt. Sie haben jeweils ihre eigenen Wurzeln, drücken ein ganz bestimmtes Lebensgefühl aus, aber sie verschenken sich an die ganze Menschheit. Es gibt dabei keine ernste oder unterhaltende Musik, es gibt, wie Leonard Bernstein es sagte, nur gute oder schlechte Musik. Wenn ein Musik-Stil gut ist, dann wird er, nach einer Modezeit oder dem kommerziellen Erfolg, Kulturgut.

Musiker leben gefährdet

Weil Musiker Geschichten erzählen, Meinungen verbreiten, Stimmungen ausdrücken, oft nicht angepasst sind, sind sie in Demokratien manchmal ärgerlich und für Diktaturen gefährlich. Sie werden verboten, eingesperrt, drangsaliert oder ermordet.
An einige Musiker möchte ich stellvertretend für viele andere erinnern:
Victor Jara und Quliyapanun mit wunderbaren Liedern aus Chile.
Die Renft-Combo aus der ehemaligen DDR. Ein Sampler aus den Siebzigerjahren offenbart, wo Lindenberg u.a. herkommen.
Auch aus der DDR kommt der Liedermacher und Erzähler Gerhard Schöne, der auf seine Art widerständig war (siehe 5. Woche im Februar).
Der Russe Wladimir Wysozkij schuf mit seinen melancholischen Liedern eine Subkultur in der UdSSR, von den Obrigkeiten argwöhnisch beobachtet und angefeindet.

Musik und Moral

Die Musik, sagte ich, sei eine Göttin und obendrein die herrlichste, die wir kennen. Aber leider habe sie im Laufe der Jahrhunderte und der Jahrtausende allen zur Verfügung gestanden, die von ihr Gebrauch machen wollten: den Machthabern und den Politikern, den Ideologen und natürlich den Geistlichen. So schwer es uns auch falle, uns damit abzufinden - die Musik sei doch eine Hure, wenn auch womöglich die reizvollste, die es je gegeben hat. Mit Musik habe man Gottesfurcht erzeugt, patriotische Gefühle geweckt und die Menschen in die Schlacht und in den Tod getrieben. Lieder seien von Sklaven gesungen worden und auch von ihren Aufsehern, von KZ-Häftlingen und auch von KZ-Wärtern. Die jungen Menschen, die mit uns zusammen in einem engen Zimmer im Warschauer Getto Mozarts Violinkonzert G-Dur, gespielt von Yehudi Menuhin, gehört haben, sie wurden alle vergast.

MARCEL REICH-RANICKI

5. Woche

Geschichten und mehr

Die Muschel und der Fisch

Im Meer lebte ein großer Fisch. Er war nicht so groß wie ein Wal. Aber er war so groß wie ich, also fast zwei Meter lang. Dieser Fisch war immer unterwegs. Er kannte die Welt. Er hatte die Blauwale vor Grönland gesehen und die Thunfische vor Japan. Er kannte die Fischtrawler und die Fischfabriken auf dem Meer. Er überwinterte in der Südsee und reiste dann wieder los. Er hatte keine Familie, dies hätte ihn zu sehr gebunden. Die Schiffsschrauben erkannte er am Klang und tauchte ab. Einer Fischdame war er nie abgeneigt, aber Gott sei Dank musste der Nachwuchs für sich selbst sorgen. Ja, er war ein echter Weltreisender.

Ganz im Gegensatz zu der Muschel, die tief am Meeresboden ruhte und genauso hell wie der Sand war. Kaum jemand sah sie. Sie hatte ihren Platz im Leben gefunden. Sie atmete das Wasser ein und aus und beobachte alles, was an ihr vorbeizog. So lebte sie und war sehr zufrieden. Alles, was wichtig war, kam bei ihr vorbei. Sie musste nur warten können und Geduld haben. Dies war ihr vertraut und lieb.

Eines Tages kam der Fisch zum ersten Mal vorbei: »Komm zieh mit. Man muss unterwegs sein. Es wird viel geboten. Du kannst doch nicht ewig hier festsitzen. Mach dich auf.«

Die Muschel strudelte das Wasser ein und aus: »Ich bin sesshaft. Ich habe alles was ich brauche und ich genieße es. Nimm lieber wahr, was dich umgibt. Ich habe den schönsten Fleck auf der Erde.«

Der Fisch redete auf sie ein. Aber es half nicht. Die Muschel blieb. Enttäuscht machte er sich wieder auf. Er konnte nie still an einem Ort verweilen.

Am Abend schien der Mond auf die Muschel. Sie leuchtete mit all ihren Perlmuttfarben. Sie war wunderschön. Sie atmete ein und aus, sie öffnete sich ein wenig und schloss sich wieder. Stetig wiederholte sich dies. Langsam wurde ihr Atem größer und sie öffnete sich mehr und mehr.

Der Mond erfasste ihr Inneres und er sah eine wunderbare Perle.

Der Fisch aber sah die Perle nie.

Auch die Muschel sah die Perle nie. Sie war einfach eine Muschel, die mit sich zufrieden war.

Anekdote zur Senkung der Arbeitsmoral

In einem Hafen an einer westlichen Küste Europas liegt ein ärmlich gekleideter Mann in seinem Fischerboot und döst. Ein schick angezogener Tourist legt eben einen neuen Farbfilm in seinen Fotoapparat, um das idyllische Bild zu fotografieren: blauer Himmel, grüne See mit friedlichen schneeweißen Wellenkämmen, schwarzes Boot, rote Fischermütze. Klick. Noch einmal: klick, und da aller guten Dinge drei sind, und sicher sicher ist, ein drittes Mal: klick. Das spröde, fast feindselige Geräusch weckt den dösenden Fischer, der sich aufrichtet, schläfrig nach seiner Zigarettenschachtel angelt, aber bevor er das Gesuchte gefunden, hat ihm der eifrige Tourist schon eine Schachtel vor die Nase gehalten, ihm die Zigarette nicht gerade in den Mund gesteckt, aber in die Hand gelegt, und ein viertes Klick, das des Feuerzeuges, schließt die eilfertige Höflichkeit ab. Durch jenes kaum messbare, nie nachweisbare Zuviel an Höflichkeit ist eine gereizte Verlegenheit entstanden, die der Tourist – der Landessprache mächtig – durch ein Gespräch zu überbrücken versucht.
»Sie werden heute einen guten Fang machen.«
Kopfschütteln des Fischers. »Aber man hat mir gesagt, dass das Wetter günstig ist.« Kopfnicken des Fischers.
»Sie werden also nicht ausfahren?«
Kopfschütteln des Fischers, steigende Nervosität des Touristen. Gewiss liegt ihm das Wohl des ärmlich gekleideten Menschen am Herzen, nagt an ihm die Trauer über die verpasste Gelegenheit.
»Oh, Sie fühlen sich nicht wohl?«
Endlich geht der Fischer von der Zeichensprache zum wahrhaft gesprochenen Wort über. »Ich fühle mich großartig«, sagt er. »Ich habe mich nie besser gefühlt.« Er steht auf, reckt sich, als wolle er demonstrieren, wie athletisch er gebaut ist. »Ich fühle mich fantastisch.«
Der Gesichtsausdruck des Touristen wird immer unglücklicher, er kann die Frage nicht mehr unterdrücken, die ihm sozusagen das Herz zu sprengen droht: »Aber warum fahren Sie dann nicht aus?«
Die Antwort kam prompt und knapp. »Weil ich heute Morgen schon ausgefahren bin.«
»War der Fang gut?«
»Er war so gut, dass ich nicht noch einmal auszufahren brauche, ich habe vier Hummer in meinen Körben gehabt, fast zwei Dutzend Makrelen gefangen ...«
Der Fischer, endlich erwacht, taut jetzt auf und klopft dem Touristen beruhigend auf die Schulter. Dessen besorgter Gesichtsausdruck erscheint ihm als ein Ausdruck zwar unangebrachter, doch rührender Kümmernis.

»Ich habe sogar für morgen und übermorgen genug«, sagt er, um des Fremden Seele zu erleichtern. »Rauchen Sie eine von meinen?«

»Ja, danke.«

Zigaretten werden in die Münder gesteckt, ein fünftes Klick, der Fremde setzt sich kopfschüttelnd auf den Bootsrand, legt die Kamera aus der Hand, denn er braucht jetzt beide Hände, um seiner Rede Nachdruck zu verleihen.

»Ich will mich ja nicht in Ihre persönlichen Angelegenheiten einmischen«, sagt er, »aber stellen Sie sich mal vor, Sie fahren heute ein zweites, ein drittes, vielleicht sogar ein viertes Mal aus und Sie würden drei, vier, fünf, vielleicht sogar zehn Dutzend Makrelen fangen ... stellen Sie sich das mal vor.«

Der Fischer nickt.

»Sie würden«, fährt der Tourist fort, »nicht nur heute, sondern morgen, übermorgen, ja, an jedem günstigen Tag zwei-, dreimal, vielleicht viermal ausfahren – wissen Sie, was geschehen würde?«

Der Fischer schüttelt den Kopf.

»Sie würden sich in spätestens einem Jahr einen Motor kaufen können, in zwei Jahren ein zweites Boot, in drei oder vier Jahren könnten Sie vielleicht einen kleinen Kutter haben, mit zwei Booten oder dem Kutter würden Sie natürlich viel mehr fangen – eines Tages würden sie zwei Kutter haben, Sie würden ...«, die Begeisterung verschlägt ihm für ein paar Augenblicke die Stimme, »Sie würden ein kleines Kühlhaus bauen, vielleicht eine Räucherei, später eine Marinadenfabrik, mit eigenem Hubschrauber rundfliegen, die Fischschwärme ausmachen und Ihren Kuttern per Funk Anweisung geben. Sie könnten die Lachsreste erwerben, ein Fischrestaurant eröffnen, den Hummer ohne Zwischenhändler direkt nach Paris exportieren – und dann ...«, wieder verschlägt die Begeisterung dem Fremden die Sprache. Kopfschüttelnd, im tiefsten Herzen betrübt, seiner Urlaubsfreude schon fast verlustig, blickt er auf die friedlich hereinrollende Flut, in der die ungefangenen Fische munter springen. »Und dann«, sagt er, aber wieder verschlägt ihm die Erregung die Sprache. Der Fischer klopft ihm auf den Rücken, wie einem Kind, das sich verschluckt hat. »Was dann?« fragt er leise.

»Dann«, sagt der Fremde mit stiller Begeisterung, »dann könnten Sie beruhigt hier im Hafen sitzen, in der Sonne dösen – und auf das herrliche Meer blicken.«

»Aber das tu ich ja schon jetzt«, sagt der Fischer ...

HEINRICH BÖLL

Verlass von Zeit zu Zeit die Menschen, such die Einsamkeit, um im Schweigen und anhaltenden Gebet deine Seele zu erneuern. Das ist unentbehrlich. Eine Stunde am Tag, einen Tag im Monat, eine Woche im Jahr, länger wenn es nötig ist, musst du alles und alle verlassen, um dich allein mit Gott zurückzuziehen. Wenn du das nicht suchst, wenn du das nicht liebst, mach dir keine Illusionen. Anders wirst du nie zu einer tiefen Gottesbeziehung finden. Denn nicht allein sein wollen – obwohl man es könnte –, um die innige Nähe Gottes zu kosten, ist ein Zeichen, dass es an dem Grundelement der Beziehung zu Gott fehlt: an der Liebe.

CARLO CARETTO

August:
Vom Wert der bezahlten
und unbezahlten Arbeit

1. Woche

Lernen fürs Leben

1. Erinnerungsbild: Erster Schultag

Da stehen sie alle mit ihren großen Schultüten, neuen Tornistern. Auf ihren Gesichtern Stolz, Freude, Skepsis, Neugierde, Bereitschaft für das Neue. Wie lange wird es vorhalten? Wann wird es zum ersten Mal heißen: »Doofe Schule?« Eine Woche – ein Monat – ein Jahr? Warum sagen wir: »Jetzt beginnt der Ernst des Lebens« und nicht »Jetzt darfst du lernen. Nutz die Zeit, frage, forsche. Lass dir von dem erzählen, was wir bereits wissen und schau, was du neu entdecken kannst.«

2. Erinnerungsbild: Schule unter freiem Himmel

Irgendwo in Afrika sitzen 30/40 Kinder auf staubiger Erde. Ein Baum spendet etwas Schatten. Mit Stöcken ritzen sie die Buchstaben, die der Lehrer ihnen vormacht, in den Staub. Die Gesichter sind konzentriert, fröhlich, erwartungsvoll. Wie lange werden sie noch lernen dürfen? Wann wird ihre Arbeitskraft gebraucht, um die Familie zu ernähren? Wie lange wird es für das eventuelle Schulgeld reichen?

3. Erinnerungsbild: Im Hörsaal

Mitten unter den jungen Studenten Männer und Frauen im Rentenalter. Was treibt sie wohl in die Uni? Sie haben doch ihren Beruf schon hinter sich. Die nimmt doch eh keiner mehr. – Ist es so schwer vorstellbar, dass Lernen Spaß machen kann? Das man zu seinem Vergnügen lernt? Wer im Alter noch lernt, bleibt lebendig und beweglich und erfüllt sich manchen Jugendtraum.

Das Recht auf Bildung

Das Recht auf Schule und Bildung gehört zu den Grundrechten der Menschheit, wie sie in der UN-Charta der Menschenrechte festgelegt sind. Doch in vielen Ländern dieser Erde ist es nach wie vor keine Selbstverständlichkeit, dass Kinder die Chance zum Lernen erhalten. Schon 4- und 5-Jährige müssen mitarbeiten, um der Familie beim alltäglichen Kampf ums Überleben zu helfen. Dort ist es ein Lernen-dürfen, bei uns ein Lernen-müssen. Auch bei uns ist die allgemeine Schulpflicht noch nicht viel älter als 130 Jahre, richtig durchgesetzt wurde sie sogar erst in der Weimarer Republik. Es waren sicher vor allem wirtschaftliche Interessen, die zu diesem Schritt führten. Doch wurde damit der Grundstein dafür gelegt, dass viel mehr Kinder die Chance bekamen, sich entsprechend ihrer Begabung weiter zu entwickeln und ihr eigenes Leben zu gestalten.

Vor allem für die Frauen hat es noch lange gedauert, eigentlich bis heute, bis sie wirklich das Lernen konnten, was sie wollten. Im Gespräch mit der Großelterngeneration können Kinder heute noch erfahren, welch ein Verlust es bedeuten kann, nicht lernen zu dürfen. Vielleicht ist nicht alles, was heute in der Schule gelehrt wird, für das Leben wichtig, aber lernen dürfen ist ein Privileg. Und wer zu lernen gelernt hat, ist jeder neuen Situation gewachsen.

Was können wir Kindern sagen, um ihnen Mut zum Lernen zu machen?

Lernen darf Spaß machen.

Wenn dich keiner lobt, lob dich selbst.

Du darfst mich alles fragen was du willst, es gibt keine dummen Fragen.

Schau auf das, was du schon gelernt hast, und nicht nur auf das, was du noch nicht kannst.

Lernen ist ein Abenteuer, es gibt immer etwas Neues zu entdecken.

Wie Lernen Spaß macht:

- Neugierde wecken
- Entdeckungen ermöglichen
- Wissen teilen
- Anwendungen ausprobieren
- Bestätigung erfahren

An-Sprüche

Nicht für die Schule, sondern für das Leben lernen wir.
Hilf mir, mir selbst zu helfen. (Maria Montessori)

Lerne, als würdest du noch ewig leben, lebe als wärst du morgen
schon tot. (Mahatma Gandhi)

Ohne den Wunsch und die Fähigkeit zu lernen würden wir noch
immer die Bäume mit den Affen teilen.

Der Lehrer

Wenn jemand beabsichtigt, ein Lehrer für die Menschheit zu werden, so sollte er bei sich selbst
beginnen. Er sollte zuerst durch sein Beispiel lehren und dann durch sein Wort. Denn wer sich
selbst erzieht und sich selbst zum Besseren verändert, verdient unsere Hochachtung und unseren
Respekt mehr als jemand, der andere belehrt und zum Besseren bekehren will.

KHALIL GIBRAN

Arbeit – Beruf – Berufung – Job

Wie viel Arbeit brauchen wir?

Es gibt das Bild vom Schlaraffenland, in dem die Menschen sorglos in den Tag leben, die gebratenen Tauben fliegen ihnen ins Maul. Ein Leben ohne Arbeit – ein Traum? Es ist ohne Frage schön, so abgesichert zu sein, dass man nicht arbeiten muss. Aber brauchen wir die Arbeit nicht auch aus anderen Gründen?

Der Wert der Arbeit

Es gibt eine gängige Methode, nach der heute beurteilt wird, ob eine Arbeit gut ist oder nicht – man fragt einfach, wie viel Geld sie bringt. Doch spiegelt das Geld selten den Wert der Arbeit wieder (nach außen, für andere – nach innen, für mich selbst). Arbeit ist für viele Menschen sinnstiftend. Die Freude darüber, etwas zu leisten, ist zutiefst menschlich.

Viele Menschen, die arbeitslos sind, leiden unter ihrer Arbeitslosigkeit.

Es ist nicht nur das Geld, das ihnen fehlt, sondern sie belastet auch das Gefühl, nicht gebraucht zu werden, zu nichts nutze zu sein. Dabei gibt es jede Menge Arbeit, die sinnvoll und für Einzelne oder die Allgemeinheit sehr nützlich ist. Leider ist oft keiner da, sie zu bezahlen oder sie bringt nur sehr wenig Geld. Und solange die obige Definition einer guten Arbeit stimmt, ermutigt es keinen, den Wert der Arbeit unabhängig vom Geld zu bestimmen.

Kann man denn mit einer gering bezahlten Arbeit glücklich sein?

Sicherlich hängt die Zufriedenheit mit einer Arbeit nicht nur vom Geld, sondern von verschiedenen Faktoren ab: z.B. ob sie mir gefällt, ob ich sie gerne mache, ob sie meinen Neigungen entspricht, ob sie mich herausfordert ohne zu überfordern, ob ich Erfolgserlebnisse habe, ob das soziale Miteinander unter den Kollegen stimmt, vor allem, ob sie für mich einen Sinn macht.
Im positiven Fall ist Arbeit die Chance, einen aktiven Beitrag zum Leben zu leisten, ein Ergebnis zu sehen, etwas zu schaffen, zu erschaffen.

Job

Job – das klingt schon so leicht dahergesagt, so nebensächlich, so unverbindlich. »Den Job mache ich, um Geld zu verdienen, das eigentliche Leben spielt sich wo anders ab«, sagen viele. Aber ist es nicht Verschwendung von Lebenszeit, wenn wir in der Arbeit nicht leben?
Jeder Job, und wenn er noch so einfach ist, gewinnt an Wert durch die Art, wie wir ihn ausfüllen und gestalten. Wir begegnen in unserer Arbeit fast überall Menschen, denen es gut tut, wenn wir ihnen freundlich begegnen. Eine Kassiererin, die freundlich bleibt, wenn das Geld nicht so schnell zu finden ist, ein Briefträger, der zweimal klingelt, ein Beamter, der nicht gleich auf die Uhr sieht, macht aus seinem Job eine Arbeit, die er bejaht, und damit sich und vielleicht andere zufrieden. Jede Arbeit hat so einen Nutzen, der sich nicht unbedingt immer in der Bezahlung widerspiegelt. Und jede Arbeit hat einen Sinn, wenn wir ihr einen Sinn geben.

Beruf – Berufung

Welchen Beruf soll ich lernen? Früher, als zumindest der Sohn oft selbstverständlich den Beruf seines Vaters übernahm und die Tochter ebenso selbstverständlich Hausfrau und Mutter wurde, war dies weniger eine Frage. Heute steht den jungen Menschen vieles offen und die Wahl ist schwer.

Beruf kommt von Berufung. Aber wer fühlt sich schon zu etwas berufen? Im tiefen Sinne sicherlich wenige. Doch umso wichtiger ist es, Neigungen und eigene Ziele der Kinder zu fördern. Kinder wissen oft schon sehr früh, was sie interessiert, und was sie werden möchten. Eltern sind da geneigt, den Berufswünschen der Kinder schnell die realistische Sicht des Machbaren und Erfolgversprechenden entgegenzusetzen: Damit bekommst du doch nie eine Stelle! Das ist doch ein brotloser Job! Das ist doch nichts für dich! Das schaffst du nicht! Oder: Du kannst doch mehr!

Vielleicht sollten wir da vorsichtiger sein und mehr ermutigen als bremsen. Sicher gibt es Neigungen und Stärken und Schwächen, die die Möglichkeiten eingrenzen. Doch mit einem klaren Ziel, auch wenn es scheinbar unrealistisch ist, lässt sich die Schule und auch jede Ausbildung viel leichter bewältigen. Und manchmal werden dadurch Stärken deutlich, die wir so vorher gar nicht gesehen haben.

Vieles, was wir uns vornehmen, ist nicht billig zu erreichen. Aber ein starker innerer Wunsch hilft Einschränkungen hinzunehmen und motiviert zu großem Einsatz. Jeder Sportler, Musiker, Schauspieler, Wissenschaftler dokumentiert dies auf seine Weise. Dies ist in dem Film »Billy Elliot« sehr gut dargestellt, der den Wunsch eines Jungen, Tänzer zu werden, beschreibt. Der innere Drang, ja hier kann man sicherlich von Berufung sprechen, setzt sich gegen die ungünstigen Lebensbedingungen durch und überzeugt.

Das gelingt nicht immer. Manchmal ist der Erfolg nicht so, wie wir ihn uns vorgestellt haben. Trotzdem, was wir gerne gemacht haben, war nie umsonst, auch wenn der Berufswunsch nicht zum Beruf wird.

3. Woche

Der Wert des Lebens

Wie schön, dass du geboren bist, sonst hätten wir dich sehr vermisst, ...

 ... So beginnt ein Geburtstagslied, das unsere Kinder gern gesungen haben. Wie schön für das Menschenkind, das dies gesungen bekommt und das spürt, dass es willkommen ist. Gerade jetzt in der Zeit der Genforschung und der Diskussion darüber, ob und wie man zukünftig behinderte Kinder vermeiden kann, ist es gut, sich damit auseinander zu setzen, was den Wert des Lebens ausmacht.

Ist es der Erfolg, den man im Leben hat, das Geld, das man verdient, die Leistung, die man erbringt, der Spaß, den man lebt, die Zahl der kleinen und großen Siege über die anderen, oder ist es die Gesundheit, die innere Zufriedenheit, unser kleines oder großes Glück? Wonach bemessen wir den Wert? Nach dem Beitrag, den wir für die Gesellschaft leisten können?

Jeder Mensch hat Gaben, die er in das Zusammenleben mit anderen einbringt. Gerade im Zusammensein mit Kindern und geistig Behinderten habe ich erlebt, dass es die unbezahlbaren Gaben sind, die unser Leben bereichern: Mit ihrem Vertrauen, das sie uns entgegenbringen, mit ihrer Fähigkeit, sich über kleine Dinge zu freuen, durch den offenen Blick, der die Gefühle unverstellt zeigt, durch die spontane Zuneigung und ihre Großherzigkeit, mit der sie uns verzeihen, zeigen sie uns, was Menschsein ausmacht:

Nichts was wir können, haben oder leisten macht uns wertvoll, sondern:

Wie schön, dass du geboren bist, sonst hätten wir dich sehr vermisst, ...

Der Wert des Menschen ist im Dasein begründet und kann gemessen werden an der Spur der Liebe, die er in den Herzen der Menschen hinterlässt.

Adam

Henry Nouwen, ein amerikanischer Geistlicher und Autor, hat kurz vor seinem Tod in dem Buch »Adam und ich« seine Erfahrungen mit einem mehrfach schwerst behinderten jungen Mann geschildert. Er beschreibt darin, was dieser junge Mann ihm und allen, die für ihn sorgten, gegeben hat. Am Anfang der Beziehung glaubte er der Gebende zu sein, geben zu müssen. Doch je länger er mit Adam zusammen war, desto mehr wurde ihm deutlich, was er durch ihn geschenkt bekam: unverfälschte Menschlichkeit, die den anderen nach nichts als seinem direkten Verhalten beurteilte.

Hat jeder Mensch eine besondere Aufgabe?

Bewundern sie Menschen, die ihre Lebensaufgabe gefunden haben? Sie strahlen oft sehr viel Kraft und Selbstsicherheit aus und – sie sind zufrieden.

»Leben ist das, was geschieht – während du darüber nachdenkst, wie es sein sollte.«

Wir haben so viele Ideen, was wir gerne Tolles machen würden, und es kostet uns sehr viel Kraft, wenn wir es nicht realisieren können.
Andererseits bieten sich Aufgaben in unserem Leben an, die wir ausschlagen oder übersehen, weil sie uns nicht gefallen, weil sie sich nicht so leicht und Erfolg versprechend anfühlen, wie wir es gerne hätten. Oft vertun wir viel (Lebens-)Zeit mit der Suche nach der Aufgabe unseres Lebens.
Ich glaube, dass unsere Lebensaufgabe einfacher ist als wir denken. Reicht es nicht, sich den Herausforderungen des Lebens, so wie sie uns begegnen, zu stellen und in ihrer Bewältigung dem Leben ein menschliches Gesicht zu geben?
Erst wenn wir unser Leben, so wie es ist als Lebensaufgabe, akzeptieren, laufen wir nicht mehr vor unserem Leben davon.

Die Aufgabe hatte er sich anders vorgestellt

Moses, die bekannte jüdische Gestalt, hatte sich nach einem Totschlag in die Wüste zurückgezogen und hütete Schafe. Vielleicht brauchte er eine Auszeit, vielleicht wollte er sich beherrschen lernen, vielleicht wollte er allem entfliehen, ...

Da hörte er in der Wüste an einem brennenden Dornbusch ein Stimme: »Ich habe eine Aufgabe für dich.« Moses versuchte mit all seinen Schwächen und Stärken der Aufgabe zu entkommen. Es gelang nicht. Ob die Stimme seine innere Stimme war oder ob das Göttliche ihn von außen ansprach ist unwesentlich. Wichtig war, dass Moses seine Aufgabe und seine Verantwortung annahm. –

Wie oft denken wir, dass unsere Lebensaufgabe unsere Wunsch-Aufgabe ist. Weit gefehlt, meist ist die wirkliche Lebensaufgabe voller Überraschungen, herausfordernd und doch letztlich stimmig. Meist gehört es zur eigenen Aufgabe, dass wir Unwichtigeres (auch wenn es schön ist) für sie auf-geben.

Auf der Flucht

Jona, eine andere biblische Gestalt, versucht vor seiner Aufgabe zu fliehen. Es gelingt nicht. Jona wird immer wieder mit ihr konfrontiert, bis er sie annimmt. Er kann seinem Los nicht entkommen und gleichzeitig kann er es gestalten, wenn er es annimmt. Wie oft wird uns Wichtiges zu viel oder zu anstrengend und doch gehört es zu uns. Jona auf der Flucht – vielleicht ist er der Prototyp des Menschen, der vor sich selbst auf der Flucht ist. Wenn er sich annimmt, wird er zufriedener. Davon ist Jona oft weit entfernt und doch ist er dem Wesentlichen im Leben gerade in seiner Suche und Auseinandersetzung ganz nah.

4. Woche

Verantwortung leben

Ein geiler Spaß

Die Werbung für die große Disco lief auf Hochtouren. Der Erfolg war wichtig, sollte doch davon der Abiturball finanziert werden. Da überklebten andere in einer Nacht- und Nebelaktion alle Plakate mit einem großen Hinweis: »Fällt aus.«

Zur Rede gestellt, dass sie die Verantwortung für den möglichen Schaden übernehmen müssten, war keine Einsicht zu spüren. »Das war doch ein geiler Spaß, und wenn es eine Anzeige gibt, haut uns mein Vater schon raus. Dafür ist er ja Rechtsanwalt!«

Verantwortung und Verantwortung loslassen beginnt bei den Eltern

Wer sich über die Verantwortungslosigkeit der Jugendlichen wundert, muss sich fragen, woher sie ihre Vorbilder nehmen. Unsere Gesellschaft bietet täglich genügend Beispiele dafür, dass der gut raus kommt, der die Verantwortung auf andere abwälzen kann. Zum Glück gibt es auch Gegenbeispiele. Doch sie zeigen auch: Wer zu seinen Fehlern steht, macht sich angreifbar. Die Diskussion um die 68ziger Zeit zeigt dies auf allen Ebenen.

Dabei gehört die Fähigkeit, Verantwortung zu übernehmen, zum Erwachsen werden, ja ist ein Zeichen von Erwachsen sein. In dem Maße, in dem Kinder und Jugendliche die Verantwortung für ihre Belange übernehmen, in dem Maße können Eltern ihnen Selbstständigkeit erlauben. Umgekehrt bedeutet dies aber auch, dass Eltern ihren Kindern immer etwas mehr Selbstständigkeit zutrauen müssen, damit sie lernen können, Verantwortung zu übernehmen.

Der Blick über den eigenen Tellerrand

Verantwortung gilt nicht nur im Blick auf sich selbst, sondern auch für andere. Manchmal scheinen wir zu vergessen, dass kein Mensch für sich alleine lebt. Unsere Wohnung, unsere Nahrung, unsere Kleidung, unser Konsum ist durch die Bemühung vieler entstanden. Die Gemeinschaft der Menschen, aber auch die Verknüpfung mit der Natur ist so eng, dass nichts geschieht, ohne dass es auch Auswirkungen auf andere hat.

Im Kampf um den alltäglichen Vorteil sehen wir dies oft nicht. Doch bei großen Katastrophen und Unfällen wird dies auf einmal wieder sichtbar. Und dann werden auch bei uns alte menschliche Qualitäten wieder wach – Hilfsbereitschaft, Gastfreundschaft, miteinander teilen, Mitleid und sogar Opferbereitschaft. Gerade Jugendliche und junge Erwachsene ahnen etwas von dem großen Gewinn an Menschlichkeit, der aus selbstlosem Engagement erwächst.

Deshalb sind sie ansprechbar für die vielen Möglichkeiten, sich sozial zu engagieren und an der Verantwortung, die sie dabei für andere übernehmen, zu wachsen. Sie brauchen nur die Ermutigung dazu. Dieses in der Regel ehrenamtliche Engagement bringt kein Geld, aber Erfahrungen, die dem eigenen Leben Sinn und Richtung geben.

Möglichkeiten zum Engagement

- Sozialpraktika in den verschiedensten Einrichtungen, ob in der Hausaufgabenhilfe im gleichen Wohnviertel oder an einer Behindertenschule im Ausland
- Freiwillige Feuerwehr, Technischer Hilfsdienst
- Jugendarbeit und Sozialarbeit in den Kirchen, in Verbänden und Vereinen
- Rotes Kreuz , Malteser Hilfsdienst, Johanniter Unfallhilfe
- Zivildienst, Militärdienst
- freiwilliges soziales Jahr z. B. bei Aktion Sühnezeichen, Eirene Friedensdienste, im Kibbuz
- Entwicklungsdienst/Dienst in Übersee

Was lohnt

Ein junger Mann bei einem Katastropheneinsatz wurde gefragt, wie er denn das Elend um sich herum aushalte. Er antwortete: »Wenn wir nur ein Leben retten können, hat sich unser Einsatz gelohnt.«

Ein Schulprojekt

Als Jahresprojekt in der Schule haben zwei 18-jährige Schüler ganz gezielt Sachen für ein Kinderheim in Rumänien gesammelt. Kein Erwachsener hat ihnen geholfen und sie hatten selbst wenig Geld. Bis zum Lastwagen und der Hin- und Rückfahrt haben sie alles – auch den Zoll – selbst erledigt. Sie haben es geschafft. Einfach vorbildlich.

5. Woche

Geschichten und mehr

Chinesische Parabel

Ein alter Mann mit Namen Chunglang, das heißt »Meister Felsen«, besaß ein kleines Gut in den Bergen. Eines Tages begab es sich, dass er eins von seinen Pferden verlor. Da kamen die Nachbarn, um ihm zu diesem Unglück ihr Beileid zu bezeigen.

Der Alte aber fragte: »Woher wollt ihr wissen, dass es ein Unglück ist?« Und siehe da: Einige Tage später kam das Pferd wieder und brachte ein ganzes Rudel Wildpferde mit.

Wiederum erschienen die Nachbarn und wollten ihm zu diesem Glücksfall ihre Glückwünsche bringen. Der Alte vom Berge aber versetzte: »Woher wollt ihr wissen, dass es ein Glücksfall ist?«

Seit nun so viele Pferde zur Verfügung standen, begann der Sohn des Alten eine Zuneigung zum Reiten zu fassen, und eines Tages brach er das Bein. Da kamen sie wieder, die Nachbarn, um ihr Beileid zum Ausdruck zu bringen. Und abermals sprach der Alte zu ihnen: »Woher wollt ihr wissen, dass das ein Unglücksfall ist?«

Im Jahr darauf erschien die Kommission der »Langen Latten« in den Bergen, um kräftige Männer für den Stiefeldienst des Kaisers und als Sänftenträger zu holen. Den Sohn des Alten, der immer noch seinen Beinschaden hatte, nahmen sie nicht.

Chunglang musste lächeln.

HERMANN HESSE

Mein Großvater hat einen Haken

Am linken Arm hatte mein Großvater einen Haken. Ihm fehlte die linke Hand. Mir hatte er einmal die Geschichte erzählt und dann war es genug. Letztlich war mein Großvater ein Held, aber er sah es anders. Er stand sogar in der Bildzeitung – auf Seite eins. Meine Oma hat dies gefreut, meinen Großvater hat dies geärgert. Er wollte nicht auf der ersten Seite einer Zeitung stehen, die seinen »Willi« (Brandt) immer als Vaterlandsverräter darstellte.

Also nun zur Geschichte. Im Thyssen-Stahlwerk Duisburg (heute Landschaftspark-Nord) hat er in der Gießhalle gearbeitet. Dort kann man heute noch die Rinnen im Beton sehen, in dem die rot glühenden Eisenströme in die Wagen gelaufen sind. Opa hat dort als Vorarbeiter seine Arbeit getan.

Einmal ruscht einer seiner Leute aus Unachtsamkeit oder warum auch immer in diese nicht sehr tiefe Rinne und blieb dort hängen. Er sah das rot glühende Eisen auf sein Gesicht zulaufen und erstarrte. Niemand konnte es mehr stoppen. Großvater hat ihn im allerletzten Moment an den Haaren weggezogen. Außer Kopfschmerzen ist ihm nichts passiert. Mein Großvater kann schon zupacken. Aber irgendwie musste mein Großvater sich dabei abstützen und keiner weiß genau wie: Er verbrannte sich höllisch die linke Hand. Sie wurde sofort amputiert.

Damit arbeitete Großvater später weiter. Und er zeigte seinen Haken gerne. Es war Edelstahl, vielleicht Handarbeit von den Kollegen. Wenn man ihn fragte, sagte er nur: »Dies muss doch jeder für den anderen tun. Ich gucke nicht noch mal weg.« Das ist mein Großvater und ein bisschen stolz bin ich schon auf ihn.

■ ■ ■

Die ganze lange Straße

Beppo liebte diese Stunden vor Tagesanbruch, wenn die Stadt noch schlief. Und er tat seine Arbeit gern und gründlich. Er wusste, es war eine sehr notwendige Arbeit.

Wenn er so die Straßen kehrte, tat er es langsam, aber stetig: Bei jedem Schritt einen Atemzug und bei jedem Atemzug einen Besenstrich. Schritt – Atemzug – Besenstrich. Schritt – Atemzug – Besenstrich. Dazwischen blieb er manchmal ein Weilchen stehen und blickte nachdenklich vor sich hin. Und dann ging er wieder weiter – Schritt – Atemzug – Besenstrich ...

Während er sich so dahinbewegte, vor sich die schmutzige Straße und hinter sich die saubere, kamen ihm oft große Gedanken. Aber es waren Gedanken ohne Worte, Gedanken, die sich so schwer mitteilen ließen wie ein bestimmter Duft, an dem man sich nur gerade eben noch erinnert, oder wie eine Farbe, von der man geträumt hat. Nach der Arbeit, wenn er bei Momo saß, erklärte er ihr seine großen Gedanken. Und da sie auf besondere Art zuhörte, löste sich seine Zunge, und er fand die richtigen Worte.

»Siehst du, Momo«, sagte er dann zum Beispiel, »es ist so: Manchmal hat man eine sehr lange Straße vor sich. Man denkt, die ist so schrecklich lang; das kann man niemals schaffen, denkt man.«

Er blickte eine Weile schweigend vor sich hin, dann fuhr er fort: »Und dann fängt man an, sich zu eilen. Und man eilt immer mehr. Jedes Mal, wenn man aufblickt, sieht man, dass es gar nicht weniger wird, was noch vor einem liegt. Und man strengt sich noch mehr an, man kriegt es mit der Angst, und zum Schluss ist man ganz außer Puste und kann nicht mehr. Und die Straße liegt immer noch vor einem. So darf man es nicht machen.«

Er dachte einige Zeit nach. Dann sprach er weiter: »Man darf nie an die ganze Straße auf einmal denken, verstehst du? Man muss nur an den nächsten Schritt denken, an den nächsten Atemzug, an den nächsten Besenstrich. Und immer wieder nur an den Nächsten.«

Wieder hielt er inne und überlegte, ehe er hinzufügte: »Dann macht es Freude; das ist wichtig, dann macht man seine Sache gut. Und so soll es sein.«

Und abermals nach einer langen Pause fuhr er fort: »Auf einmal merkt man, dass man Schritt für Schritt die ganze Straße gemacht hat. Man hat gar nicht gemerkt wie, und man ist nicht außer Puste.« Er nickte vor sich hin und sagte abschließend: »Das ist wichtig.«

MICHAEL ENDE

September:

Die Sehnsucht nach Heimat

1. Woche

Heimat

Was ist Heimat? Der Geruch des Samstagnachmittags? Der Ort, in dem wir aufgewachsen sind? Das Land, aus dem meine Vorfahren stammen? Vielleicht dieses und manches mehr. Was für uns Heimat ist, zur Heimat wird, hängt stark mit unserer Kindheit zusammen. Aus vielen kleinen Eindrücken unserer Kindheit wächst in uns ein Bild und ein Gefühl: *Hier bin ich zu Hause, hier ist meine Heimat.*

Wie bei vielem, was mit unserer Kindheit zu tun hat, bleibt manches davon unbewusst – dadurch aber nicht minder prägend. So trägt vieles zu unserem inneren Heimatbild bei, bleibt uns in positiver oder negativer Erinnerung haften.

Landschaften

Heimat – das ist die Gestalt der Landschaft, in der wir groß geworden sind, ihre Eigenart, ihr Bild im jahreszeitlichen Wechsel, Gerüche, Farben, herausragende Bäume, Hügel, Gipfel, Täler, Wälder etc. Jede Landschaft vermittelt uns ein Gefühl wie z.B. Weite, Geborgenheit, Wildheit, Geheimnis, Ordnung, und dieses Gefühl kann zu etwas werden, was wir als Erwachsene immer wieder suchen (oder meiden), ohne zu wissen warum.

Heimat – das kann auch die Landschaft unserer Ferienaufenthalte sein. Manchmal sind die Urlaube, die Ferien bei Verwandten oder Freunden in der Kinderzeit so eindrückliche und gefühlsbesetzte Zeiten gewesen, verbunden mit wesentlichen Erinnerungen, dass sie sich heute in uns mit den Bildern einer ganz bestimmten Landschaft verbinden.

Heimatkunde

Heimat – das sind die Geschichten über Orte unserer Kindheit, Legenden, historische Daten und Ereignisse, von denen uns erzählt wurde, Ereignisse aus Kultur und Brauchtum, die uns als Kind berührt haben.

Sprache und Lebensstil

Heimat – dazu gehört unsere Muttersprache, auch der mehr oder weniger deutliche Dialekt oder die Klangfarbe unserer Sprache; Redensarten, Geschichten, Lieder und Musik.

Heimat – dazu gehört der gesellschaftliche Lebensstil, die Erfahrung, ob wir mitten in der Stadt, im Vorort, in ländlicher Umgebung oder in einem Industriegebiet groß geworden sind.

Heimat – das ist auch der landestypische Lebensstil, in dem wir aufwachsen, durch den wir uns als Rheinländer, Norddeutsche, Sachsen, Tiroler, Berner, Berliner, Münchner, Genfer, als Deutsche, Franzosen oder Europäer fühlen.

Herkunft

Heimat – ist aber auch das, was uns in der Familie lieb und wert gemacht wurde. Die Familie selbst ist Heimat, mit ihren Eigenarten, Gewohnheiten, Gerüchen, Stimmungen und Erlebnissen. Und mit der Familie ist auch unsere Herkunft ein Teil unserer Heimat.

Doppelheimat

Manchmal wird die Gegend, in der wir aufwachsen, nicht zu unserer wirklichen Heimat. Meist liegt dies daran, dass in der Familie die Heimat der Eltern in Erzählungen, Bräuchen, Bewertungen, Besuchen und Kontakten viel mehr gepflegt wird, als die, in

der die Kinder wirklich groß werden. Dies kann durch häufigen Orts- und Wohnungswechsel begünstigt werden, dies ist bei ausländischen Eltern und in anderer Weise bei Adoptiv- und Pflegekindern der Fall. Für die Kinder führt dies im positiven Fall zu einer Art Doppelheimat, oder sie entscheiden sich irgendwann für eine von beiden. Oft führt es aber auch zu einer inneren Zerrissenheit oder dem Gefühl von Heimatlosigkeit.

Wahlheimat

Manchmal suche ich mir als Erwachsener eine ganz neue, eigene Heimat oder wachse in eine neue hinein. Damit ich heimisch werde, muss ich sie mir aneignen, eine Beziehung aufbauen. Bewusst oder unbewusst wird dabei auch die Sehnsucht und/oder die Ablehnung der Kindheitsheimat eine Rolle spielen.

Heimat haben bedeutet einen Ort real, in der Erinnerung oder in meinem Gefühl zu haben, zu dem ich dazugehöre und an dem ich mich zu Hause fühle.

Zum Ausprobieren:

Heimat schenken:
- Die nahe und weitere Umgebung erkunden, zu Fuß, mit dem Fahrrad, Bus und Bahn, Auto.
- Orte mit Geschichte entdecken, sich ihre Geschichten erzählen, Geschichte nacherleben (als Ritter in der Burg, als Römer fern der Heimat, als Bauer im kargen/reichen Land, als Händler unterwegs)
- An Festen und Gebräuchen teilnehmen, nach ihrer Geschichte fragen.
- Die Familiengeschichte und -kontakte pflegen, von ihren Eigenarten erzählen.
- Wenn die landschaftliche und kulturelle Heimat der Kinder nicht die Heimat der Eltern ist: Von der anderen Heimat erzählen, dort Urlaub machen, wenn es geht, Bilder ansehen, Geschichten lesen und erzählen, die Sprache lernen.

Herkunft

Stellvertretung

Familienromane und -filme haben seit jeher ein großes Publikum. Viele nehmen Anteil an den Erfolgen und den Tragödien, die sich dort abspielen. Sie verfolgen gespannt, ob das, was vorhersehbar erscheint, auch eintrifft, lassen sich mitreißen von dem Leben in seiner Mischung aus Schicksal, Zufall, Planung, Intrige, Glück und Unglück.

In all diesen Büchern und Filmen geht es auch darum: Was bedeutet die Herkunft für einen Menschen, wie weit prägt sie ihn, wie weit kann und will er sich davon lösen?

Wenn wir solche Bücher lesen oder Filme sehen, berühren sie auch unsere eigene Familiengeschichte. Wir erkennen uns wieder im Vergleich »Der ist wie mein Vater, meine Tante...«, vielleicht berührt uns auch die Sehnsucht, aus den vorgegeben Bahnen herausspringen zu können, und aus unserem Leben etwas ganz eigenes zu machen. Auch die amerikanische Traumstory »Vom Tellerwäscher zum Millionär« spiegelt einen solchen Wunsch wider, dass die Herkunft nicht den Lebensweg vorschreiben muss. In anderer Weise, nämlich rückblickend, setzen sich die Autobiografien oder biografischen Romane mit dem Zusammenhang von Herkunft und eigener Geschichte auseinander. Es ist nicht zufällig, dass die Zahl solcher Romane in den letzten Jahren zugenommen und große Leserkreise gefunden haben. So der große Roman um die Geschichte eines farbigen Amerikaners »Roots« von Alex Haley oder der Roman »Die Asche meiner Mutter«, in dem der Autor seinen Weg aus einer bedrückenden Kindheit beschreibt, oder in der Generationenstudie »Hannas Töchter« von M. Fredriksson, um nur einige der Romane der letzten Jahre zu nennen, die auch das Bedürfnis nach Aufarbeitung der eigenen Geschichte zeigen.

Wo wir herkommen

Herkunft, das ist das Leben, das unsere Vorfahren geprägt hat und was sie uns davon vererbt haben. Das sind Name, Titel, Besitz, berufsständiges Erbe, politische und kulturelle Vergangenheit, unsere regionale Zugehörigkeit, unsere Nationalität.

Was es uns manchmal so schwer macht, zu unserer Herkunft zu stehen, zeigt schon die Aufzählung der Begriffe. Mit welchem tun wir uns persönlich und gesellschaftlich nicht schwer? Wie ist das mit unserem Namen? Gefällt er uns? Tragen wir ihn gerne? Haben wir ihn abgelegt, um uns auch von unserer Familie zu lösen?

Wie ist es mit dem Erbe von Titel und Besitz? Ist es eine Chance oder eine Belastung. Haben wir den gleichen Beruf wie unsere Eltern oder haben wir dies bewusst vermieden? Freuen wir uns, als Hessen, Norddeutsche, Schwaben, Kärntner, Züricher identifiziert zu werden? Was wissen wir von unserer Familie in der Zeit der Weimarer Republik, in der Zeit des Dritten Reiches? Welche politische Diskussion war in der Familie möglich? Welche Rolle spielten Bücher, Theater, Musik? An jedes Stichwort knüpfen sich viele Fragen, die alle in der Frage münden, wie ich zu meiner Herkunft stehe.

Beobachtungen

Je stärker die Familientradition (oft gekoppelt mit dem Namen, Besitz, Amt und Würden) ist, desto mehr werden die Schattenseiten verdeckt, die Tradition steht über dem einzelnen Versagen; desto schwieriger ist es aber auch, sein ganz eigenes Leben zu verwirklichen.

Eltern, die stolz auf ihre Herkunft sind, geben dies mit großer Selbstverständlichkeit an ihre Kinder weiter. Doch wer sich seiner Herkunft schämt, möchte seine Kinder davor bewahren.

Ein Teil der Orientierungslosigkeit der Kinder und Jugendlichen heute hat auch damit zu tun, dass die Eltern sich selbst von ihrer Geschichte abgetrennt haben.
Dies kann verschiedene Gründe haben:
Manchmal sind es die Streitigkeiten in einer Familie, die zu einer solchen Abgrenzung führen.

Manchmal ist es die politische, moralische, gesellschaftliche Einstellung der Eltern, die einen solchen Schritt nötig zu machen scheint.

In unserer Generation trug die Unfähigkeit der Eltern, sich mit der eigenen Geschichte im Dritten Reich auseinander zu setzen, dazu bei.

Heute ist es eher die gesellschaftliche Überbewertung der Zukunft, die die Vergangenheit zu nutzlosem Ballast macht.

An-Sagen

Ob wir stolz darauf sind oder uns ihrer schämen, die Herkunft ist ein Teil unseres Selbst, ohne den wir uns selbst nicht verstehen können, es ist unsere Wurzel, die wir in uns tragen.

Es ist besser, sich mit den scheinbar verrotteten Wurzeln auseinander zu setzen, als wurzellos zu sein.

Kinder haben ein Recht auf ihre Vergangenheit, nur so können sie sich damit auseinander setzen, daraus lernen, sich selbst verstehen und Halt und Orientierung gewinnen.

Der Stammbaum

Wer bin ich? Wo komme ich her? Wer war vorher? Was hat mich (unbewusst) geprägt? Auf diese Fragen antwortet der Stammbaum, der die Vorfahren vom Ursprung/von den Wurzeln her in einem Baum mit vielen Ästen aufführt.

Viele Völker legen Wert auf diese Abstammungsliste. Sie sind stolz, wenn sie ihre Ahnen weit zurückverfolgen können.

Im Dritten Reich ist auch dies bei uns missbraucht worden. Was nicht gegen den Stammbaum, sondern gegen diese Art der Verwendung spricht. Stammbäume sind sicherlich da problematisch, wo sie zur Auf- oder Abwertung einer Person führen. Sonst sind sie eigentlich nicht mehr als ein Wissen, dass jeder von uns mit der Vergangenheit verbunden und in sie eingebunden ist.

In unserer schnelllebigen Zeit macht der Stammbaum deutlich, wie kurz, wie beschränkt und wie reich doch jedes einzelne Leben ist. Schauen sie sich ihren Stammbaum an, lassen sie sich überraschen – es gibt immer Gutes und Schwieriges.
Auch dies lässt sich im Stammbaum erkennen. Vielleicht schützt uns dies vor vorschnellen Urteilen bei anderen.

Zum Nachfragen

Wo kommen unsere Familien her? An welchen Orten haben sie gelebt? Waren sie sehr sesshaft oder wechselten sie. Warum?
Welche Berufe hatten unsere Vorfahren? Gab es Berufs-Traditionen, Titel, Aufgaben und Ansprüche, die vererbt wurden.
Welche religiöse Tradition hat die Familie? Wie bestimmend war sie?
Was weiß ich vom Leben der Großeltern, der Urgroßeltern?
Was sind die ungeschriebenen Gesetze der Familie? Was ist mit den schwarzen Schafen?
Kann die Familie zu den Licht und Schattenseiten ihrer eigenen Geschichte stehen?
Was bedeutete die Zeit des Faschismus für die Familie?

Haben Sie den Mut, zu Ihren Wurzeln zu stehen und lassen Sie sich überraschen, was Ihnen dadurch geschenkt wird.

Wie kann ich positiv mit meiner Herkunft umgehen?

Ich kann aufnehmen, was mich fördert, und loslassen, was mich hemmt, ohne es zu verleugnen. Es gehört zu mir und es liegt an mir, was ich daraus mache.
Im Blick auf die Individuation, die Personwerdung des Menschen brachte Karlfried Graf Dürkheim dies auf die einfache Formel: Personwerdung heißt »Wie kommt der Karlfried durch den Dürkheim«, wie kann ich eine eigene Person werden und meine Herkunft in meine Person integrieren. (Vortrag Licht und Schatten, Todtmos/Rütte)

3. Woche

Zugehörigkeiten

Nirgends gibt es so viele Vereine wie in Deutschland. Sie sind vielleicht unsere Art, Gemeinschaft zu erleben, Zugehörigkeit zu zeigen. In anderen Ländern, in denen die Familienzugehörigkeit einen viel höheren Stellenwert hat, sind es mehr die Familien, über die sich die Zugehörigkeit des Einzelnen definiert.

Der Mensch ist auf Gemeinschaft angelegt, ohne andere kann er nicht leben. Erwachsene haben ihre Familie, ihre Arbeit, ihren Verein, ihre Glaubensgemeinschaft zu der sie gehören, oder ein paar gute Freunde, den Stammtisch oder die Nachbarschaft, selbst der Mönch gehört zu einem Kloster und auch der Einsiedler erlebt und definiert sich aus seiner Zugehörigkeit zu Gott und einer Klostergemeinschaft. Wir können unsere Zugehörigkeit auf ganz verschiedene Weise leben, doch wer nirgends dazugehört ist einsam.

Dies gilt für alle, besonders aber für Kinder und Jugendliche. Kinder möchten dazugehören: erst zur Familie, dann zur Kindergruppe, zur Bande, zur Clique, zum Fanclub, zum Fußballverein, zum Sportclub, zu dieser oder jener Glaubensgemeinschaft, zu dieser oder jener Schule.

Vor allem Jugendliche, die sich langsam von der Familie ablösen, brauchen die Zugehörigkeit zu einer Gruppe (meist gleichaltriger), um dort eine neue oder weitere emotionale und geistige Heimat zu finden. Zum Teil ist es eine bewusste Entscheidung, um ganz bestimmte Werte zu leben (z.B. aktiv werden in einer Umweltgruppe, Mitarbeit in einer politischen Jugendorganisation, einer Pfadfindergruppe, einer kirchlichen Jugendgruppe, einer Clique, ...). Manchmal ist es gar nicht so wichtig, was für ein Club oder Verein es ist, Hauptsache man gehört dazu.

Der Slogan: »Im Verein ist alles schöner«, greift genau dieses Bedürfnis auf.

Dazugehörigkeit und Hörigkeit

Dieser Wunsch nach Dazugehörigkeit macht es auch verständlich, warum Kinder und Jugendliche (aber auch Erwachsene) in Kreise und Gruppen hineingeraten, deren Ziele sie bei genügender Auswahl und Reflexion nicht unterstützt hätten.

Es ist nicht einfach, sich aus einer solchen Gruppe zu lösen. Unabhängig von eventuellen Sanktionen der Gruppe bedeutet Aussteigen immer auch den Verlust der damit verbundenen Gemeinschaft, und dies gelingt nur, wenn ich in eine neue Gemeinschaft wechseln kann. Dies ist z. B. der Grund, warum die Therapie drogenabhängiger Jugendlicher oder solcher, die aus einer Sekte herauswollen, am besten in gemeinschaftsorientierten Therapieformen gelingt.

Vorbeugend sah dies die Sportwerbung genau richtig, wenn sie warb: »Sport statt Drogen.«

Kinder, die in der Familie ein geliebtes Zuhause sehen, die sich Gruppen mit einem tragfähigen Wertesystem zugehörig fühlen, sind weniger anfällig für jede Art von Indoktrination, sei es krimineller, politischer oder religiöser Art, als solche, die in jeder Weise heimat- und wurzellos sind.

4. Woche

»Geistige Heimat« oder wie erkläre ich mir die Welt?

 Mit der geistigen Heimat ist es wie mit der weltlichen Heimat: wir können langsam hineinwachsen und dabei bleiben, wir können sie verlassen und zurückkehren, sie lieben oder leugnen, uns eine neue eigene suchen oder heimatlos unsere Wege ziehen. Doch erst wenn wir die Wurzeln unseres geistigen Wachstums akzeptieren, uns mit ihnen versöhnen, können wir wirklich wachsen.

Die geistige Heimat entsteht aus all den Gedanken und Erklärungen, mit denen ich von klein auf die Vielfalt des Lebens zu erfassen suche.

Meine geistige Heimat ist dort, wo ich mich verstanden fühle, wo Ereignisse zu ähnlichen Gedanken führen, wo ein Grundkonsens darin besteht, wie die Welt zu betrachten sei.

Es geht um die ganz grundlegenden Einsichten, die meine Normen und Werte bestimmen, mein Verhalten gegenüber anderen Menschen, anderen Lebewesen überhaupt, meine Einstellung zu Leben und Tod, zum Sinn des Lebens.

Den Grundstock dazu legen sicherlich die Antworten unserer Eltern auf unsere ersten Fragen. Ihre geistige Grundhaltung, ihr Glaube, ihre Lebensphilosophie bestimmen das Weltbild unserer frühen Kindheit. Doch schon bald fangen wir an, diese Antworten an unseren Erfahrungen und den Antworten der Lehrer, der Freunde und heute auch des Fernsehens zu überprüfen. Je nachdem wieviel Neugier und Wissbegierde wir als Kinder entwickeln, können wir trotzdem schnell an Grenzen stoßen.

Nichts ist schwerer, als als Kind mit den eigenen existenziellen Fragen alleine gelassen zu werden.

Was ist Leben und was ist Tod?
Woher kommen die Menschen? Kann eine Blume weinen? Ist ein Hund auch traurig? Warum müssen wir krank werden? Bleibt die Erde bestehen? Was ist, wenn die Sonne erlischt?
Hat das Leben einen Sinn? Was ist Glück? Warum müssen wir sterben?

Kinder brauchen keine tief schürfenden philosophischen Erklärungen, sondern Gesprächspartner, die ihre Fragen ernst nehmen.Neben den direkten Antworten der Erwachsenen sind es die Geschichten, Märchen, Lieder, Bücher, Filme in denen wir Antworten auf unsere Fragen finden.
Deshalb sind die Lieder und Geschichten, die wir den Kindern mitgeben, so wertvoll. Mancher Weisheitsspruch, manche Liedzeile, manche biblische Geschichte begleitet uns ein Leben lang, weil wir darin die Antwort auf unsere Sinnfragen spüren.

Heimat geben

Auch im geistigen Bereich führt die eigene Unsicherheit oder die Angst, die Kinder zu vereinnahmen, sie in die eine oder andere Richtung zu prägen, ihre Selbstbestimmung zu verhindern, oft dazu, dass wir ihnen zwar einerseits alles offen lassen, sie andererseits aber auch alleine lassen.
Warum nicht zu dem stehen, was uns wichtig ist? Warum nicht Antworten wagen, auch wenn wir wissen, das sie nie endgültig sein können. Es ist nicht die Tatsache, dass wir eine Meinung, einen Glauben, für uns gültige Werte haben, sondern die Art wie wir dies vermitteln. Dies entscheidet, ob wir die Kinder zu geistigem Wachstum herausfordern oder sie einschränken.

Wege und Umwege

Viele Erwachsene suchen noch selbst nach ihrer geistigen und geistlichen Heimat. Auch hier ist die Verunsicherung groß. Der Glaube der Kindheit hat oft ausgedient, doch es fehlen neue, glaubwürdige Antworten. Wer sucht, geht oft weite Wege, taucht in fremde Welten ein, ob es andere Glaubensrichtungen wie der Buddhismus oder der Schamanismus der Indianer sind, oder die Philosophien von der Antike bis zur Neuzeit, oder die verschiedenen Antworten der Esoterik. Letztlich kann ich nur an meinem Leben überprüfen, wie tauglich die Antworten sind. Manchmal entdecke ich dann, dass in meinen eigenen Wurzeln schon mehr Wahrheit enthalten war, als ich ihnen zutraute.

Zum Beispiel – Taizé

Im Zuge der Suche Jugendlicher nach einer geistigen Heimat, in der sie sich mit ihren Fragen ernst genommen fühlen, nimmt sicherlich die christliche Communität Taizé in Burgund, Frankreich, eine besondere Stellung ein. An diesem Ort, an dem sich das ganze Jahr über Jugendliche (und Erwachsene) aus aller Welt treffen, im Sommer sind es mehrere Tausende, findet man in dem offenen und gleichzeitig verbindlichen Angebot der Brüder um Frére Roger eine unübertroffene Mischung von Gemeinschaft, elementarem Leben, Echtheit im Gegenüber, Antworten auf persönlicher und spiritueller Ebene, und für viele eine geistige Heimat.

5. Woche

Geschichten und mehr

Ida Ehre: Mein Elternhaus war ein Mutterhaus

Es ist gar nicht so einfach über mein Elternhaus zu sprechen. Eigentlich hatte ich ein Mutterhaus. Ja, es klingt etwas merkwürdig – aber wenn ich es erkläre, wird man es verstehen. (...) Meine Mutter war zweiunddreißig, als mein Vater starb, und stand ohne einen Pfennig Geld da. Er war zwar Beamter gewesen, aber da er so jung gestorben war, hatte sie kein Anrecht auf Pension. (...)

Mutter musste sich also Gedanken machen, wie sie ihre sechs Kinder durchbringen sollte.

Sie hat das auch getan. Sie hat ihre sechs Kinder mit unendlicher Liebe erzogen, mit unendlicher Fürsorge, mit sehr viel Wärme, sehr viel Güte, sehr viel Verstand. (...)

Nach dem Einzug der Nazis in Österreich, 1938, wurde meine älteste Schwester abgeführt. Dann eines Tages spürte ich plötzlich den inneren Zwang, sofort nach Wien zu fahren, unbedingt. Ich durfte es ja, ich hatte keinen Stern zu tragen. Ich fuhr nach Wien, kam nachts an und erfuhr von der Nachbarin, dass die Mutti abgeholt worden war von der Gestapo. Ich konnte es nicht fassen.

Ich bin zu der Schule hingegangen, in der man meine Mutter abgeliefert hatte, bin die ganze Nacht um die Schule herumgegangen. Am nächsten Morgen fragte mich ein Mann: »Was ist los? Ich hab' Sie beobachtet, Sie sind die ganze Nacht hier spazieren gegangen.«

»Meine Mutter ist in dieser Schule. Wenn ich sie nur einmal noch sehen könnte.«

»Wie heißt Ihre Mutter?«

»Berta Ehre.«

»Ich werde es versuchen. Vielleicht kann ich sie finden.«

Er ging in das Schulgebäude hinein, kam nach zwei Stunden wieder heraus, brachte mir eine Postkarte von meiner Mutter und sagte: »Ihre Mutter ist im ersten Stock. Zum Fenster darf sie nicht gehen, aber sie wird in der Mitte des Zimmers stehen. Das Fenster ist offen. Vielleicht können Sie sie noch sehen.«

Ich habe sie noch gesehen, oben in diesem Zimmer. Sie schickte mir eine Kusshand zu. Dann ist sie wieder zurückgegangen. Ich habe den Mann gefragt: »Wann werden die Menschen verschickt?« »Das fängt diesen Vormittag an.« Ich stand und habe gewartet, ob ich auf den Lastwagen, die herausfuhren, meine Mutter noch sehen konnte. Es kamen mehrere Lastwagen an mir vorbei. Ich lief jedem entgegen.

Auf einem dieser Lastwagen stand meine Mutter, hoch aufgerichtet, und hat heruntergerufen: »Auf Wiedersehen, meine geliebten Kinder ...«

Hinter dem Tränenschleier meiner Augen verschwand mein Elternhaus ... mein Mutterhaus.

Auf der Karte meiner Mutter stand unter anderem: »Mein geliebtes Kind – die Welt kann nur miteinander leben, wenn das Wort LIEBE ist – Liebe und Toleranz – nicht hassen – nur lieben.«

Das sind Worte, die tief in mir eingegraben sind. An diese Worte will ich mich halten, solange ich lebe.

IDA EHRE

Friede, Gleichmaß, Ruhe? Nichts davon ...

Mein Elternhaus, was ist das? Wo ist etwas, das ich so nennen könnte? Goethe und Thomas Mann hatten ein Elternhaus. Ich hatte keines. Ich bin an einem beliebigen Ort geboren, von dort als Kleinkind an einen anderen beliebigen Ort gebracht worden, von dort nach wenigen Jahren nach einem andern, von dort ... und so weiter.

Mein Vater war Lehrer und wechselte oft seine Stelle. Das war eine Karrierefrage: an den größeren Orten waren größere Schulen, da konnte er Rektor werden und mehr verdienen und galt als größere Autorität. Das Kind, das einzige, schlug niemals Wurzeln. Das Bild meines Elternhauses setzt sich aus Mosaiksteinchen zusammen. Alle zusammen ergeben schließlich ein Bild von Oberbayern.

Es ist Grün mit Braun und leuchtendem Rot; das Rote sind die Geranien, die über braune Holzbalkone an den Bauernhäusern hängen. Das Bild hat einen bestimmten Klang: das Tropfen von abschmelzendem Schnee, Kuhglocken auf Almen der Chiemgauer Berge, Zitherspiel, Jodler mit Echo, Kirchenglocken und Blasmusik bei der Fronleichnamsprozession, Orgelspiel (die Orgel spielte mein Vater in der Kirche Übersee am Chiemsee) und Chorgesang der Benediktinerinnen im Kloster Wessobrunn, wo ich bei meinem Pfarrer-Großonkel die Ferien verbrachte. (...)

Meine Jugend. Mein Elternhaus. »Ruhe und inneres Gleichmaß?« Zeit der Rebellion! Wie sie sein soll. War jene Zeit eigentlich so sehr verschieden von der späteren, von der heutigen? (...)

Die Grundprobleme sind immer gleich: autoritäre, prügelnde Väter und stupide Lehrer, nörgelnde possessive Mütter; Mangel an Liebe; Einsamkeit; Selbstmordpläne; die Qual der Lernschule, der Prüfungsstress, die Weltangst, die politische Unsicherheit, die Empörung gegen die Institutionen, der Hang zur Anarchie, und dazu all das, was Thomas Mann in einem seiner Buchtitel »Unordnung und frühes Leid« nannte, mit allen bitter-süßen, auch heute noch romantischen Liebesgeschichten und der Suche nach dem, was man »Sinn des Lebens« nennt; dazu noch das verzweifelte Bemühen der jungen Mädchen, sich zu »emanzipieren«, was bis heute noch nicht durchgängigen Erfolg hatte.

Ein halbes Jahrhundert ist vergangen seit meiner Kindheit und Jugend, und die Grundmuster haben sich nicht geändert, denn sie sind urmenschlich. (...)

Wer nun meint, ich blicke, statt nostalgisch durch eine rosa Brille, durch eine allzu stark geschwärzte auf meine Jugendzeit zurück, der irrt. Es war so, wie ich sage. Aber es war auch anders: Jene Zeit-Härte lehrte uns, selber hart zu sein im Nehmen, und sie vermittelte uns, so absurd das scheint, eine inständige Liebe zum stets gefährdeten und gestundeten Leben.

Aber Friede, Gleichmaß, Ruhe lernten wir nicht kennen, jedenfalls ich kenne das alles nicht, und ich wünsche auch gar nicht, in einer Welt aufgewachsen zu sein, auf die ich nostalgisch zurückblicken könnte. Ich liebe meine Zeit und das Leben in allen Epochen. Meine Heimat ist die Erde mit allen ihren Menschen. Mein »Elternhaus«, das ist die geistige Welt.

LUISE RINSER

Mein Fußballverein

Es ist schon seltsam. Quer durch die Bevölkerung zieht sich die Fußballleidenschaft. Da bin ich in Köln, natürlich auf der »schälen Sick«, geboren und danach ins Hessen-Nassauische ausgewandert worden. Ein Kölner mit hessischem Akzent, der wieder in der Nähe von Köln seine kölschen Beziehungen pflegt.

Es ist schon seltsam und erstaunlich. Meine Verwandtschaft lebt in Köln und jetzt wo ich über die Hälfe meines Lebens wieder vor den Toren Köln lebe, fühle ich mich zu Hause.

Was die Verbindung hielt war nicht der Karneval, sondern die Musikszene von Jazz bis BAP, ein undefinierbares Beziehungsgefühl (vielleicht ist es die Atmosphäre der Stadt) und der FC. Als Kind schon erlebte ich die Ergebnisse in der neu gegründeten Bundesliga mit. Ich war stolz. Es hat zwar nie zu Trikots und Fahnen und bisher erst zu einem Besuch (Littbarskis Abschiedsspiel) gelangt,

aber die Beziehung war immer da. Sie überstand den Verstand und den Abstand, den langsamen Verfall und den Abstieg, den Spott und den Hohn. Sie überstand, dass Leverkusen sich der Kölner bediente von Daum bis Littbarski und Schumacher.

Ist es Liebe oder Sehnsucht nach einer siegreichen, heilen Welt?

Ist es Dummheit, die die geschäftliche Seite nicht wahrhaben will, ist es Romantik und Melancholie?

Was auch immer, jenseits aller Verdrängungen bleibt die Beziehung. Sobald der Aufstieg in Sicht war, tauchte meine Anteilnahme wieder auf. Die Beerdigung meiner Leidenschaft wurde zurückgestellt und die Auferstehung des FC wurde gefeiert. Die inneren Notwehrmaßnahmen konnte ich ein wenig zurückstellen. Sie hatten sowieso nicht gut funktioniert: bei Siegen las ich alles und versuchte ich alles zu sehen, sonntags holte ich mir sogar (ein bisschen verschämt) den Express. Bei Niederlagen las ich die Spielberichte gar nicht oder erst Tage später.

Es ist schon seltsam. Woher kommt diese innere Beziehung und warum werde ich sie nicht los? Mal stehe ich 150% dazu, mal zu 52%. Fußballbegeisterung ist und bleibt ein Geheimnis.

Warum haben (zumeist) Männer einen Lieblingsverein, dem viele mehr die Treue halten als ihrer Partnerin? Der alle Scheidungen überlebt? Der allen intellektuellen Anfechtungen zum Trotz zum Leben gehört? Warum?

Da fällt mir ein, dass es auf »das Warum« keine Antwort gibt. Stimmt. Na, gut. Was folgt nun? Ich habe meiner Tochter noch in dieser Saison einen Besuch im FC-Stadion versprochen. Langsam wird es Zeit.

Oktober:

Feste feiern

1. Woche

Feste

Manchmal haben wir den Eindruck, dass das Jahr nur aus Festen besteht. Die Feste gliedern das Jahr, von Advent bis Weihnachten über den Jahreswechsel, die Fassnacht, Ostern, Pfingsten, die Kirmes – und Kirchweihfeste, Erntedank, Buß- und Bettag, Totengedenken.

In früheren Zeiten, als der Urlaub gering oder gar nicht vorhanden war, waren neben den Sonntagen die Fest- und Feiertage die einzige arbeitsfreie Zeit.

Viele Feiertage gehören zu den Festen, nur wenige haben einen eigenen Stellenwert. Ein besonderer Feiertag ist der Tag der Arbeit, der gerade in Zeiten der Arbeitslosigkeit eine mahnende Seite bekommt: Jeder Mensch hat das Recht auf menschenwürdige Arbeit.

Wurzeln

Die meisten Feste haben eine religiöse Wurzel. Egal ob es in der christlichen, jüdischen oder vorchristlichen Zeit war, der Anlass eines Festes wurde religiös gedeutet. Das Frühjahr mit seinen knospenden Bäumen, den keimenden Pflanzen, dem frischen und hellgrünen Gras, den Geburten der Tiere wurde immer als eine Zeit der Fruchtbarkeit und des Lebens gefeiert. Das Osterfest z.B. beinhaltet dies. Es feiert den Sieg des Lebens über den Tod. Während im Winter alles Leben ruht und mit Schnee bedeckt ist, die Erde also in der Totenstarre verweilt, kommt mit den länger werdenden Tagen die Macht des Lebens ans Licht. Die früheren Frühlingsfeste waren denn auch voller Leben und Ekstase.

Das Fest selbst feierte diesen Aufbruch und verstärkte und beschwor ihn. Durch Tänze, Musik, Lieder, Essen, Fröhlichkeit, Erotik, Gottesdienste und Prozessionen wurden Zeichen gesetzt, der Winter wurde bezwungen und Hoffnungen (auf gute Ernte) beschworen.

Die Veränderungen der Feste

Der heutige Mensch hat diesen unmittelbaren Bezug zum Festanlass kaum noch. In einer weitgehend technisierten Umwelt fehlt das Gefühl für natürliche Festanlässe. Feste sind nicht mehr aus sich heraus sinnvoll. Vielen sind die Rituale und Traditionen deshalb fremd und unbehaglich geworden. Andere lieben sie, vielleicht weil sie dadurch an die eigene Kindheit erinnert werden. Heute sind die Feste vor allem ein Geschäft, der Kommerz hat die Feste besetzt und durchdrungen. Der ursprüngliche Sinn und Anlass tritt in den Hintergrund. Aber genau in den Wurzeln der Feste, und damit auch in ihrer Spiritualiät, liegt ihr Reichtum.

Die spirituelle Seite der Feste

Die spirituelle Seite des Festes liegt in der Überschreitung des Alltags. Das Fest lädt ein, die Sorgen des Alltags loszulassen und die befreiende Realität des geistigen Lebens zu erkennen und zu feiern. Das Besondere tritt in den Vordergrund, nach außen dokumentiert durch das besondere Essen, die besondere Musik oder Kleidung, die besondere Vorbereitung und die symbolischen bzw. echten Geschenke. Das Fest will nicht normal sein, sondern statt Mangel Überfluss feiern, statt dem Selbstverständlichen das Ungewohnte zeigen, statt der »Hölle auf Erden« den »Himmel auf Erden« andeuten, statt Klage Visionen sichtbar machen, statt Beschränkung Großzügigkeit leben.

Die andere Seite

Indem es den Alltag hinter sich lässt, ist ein Fest immer auch ein Extrem. Oft wurde dies mit extremen Verhalten – Fressen, Saufen und Sex – gleichgesetzt. Dies sind aber nur die Vereinfachungen und banalen Seiten der Feste. Natürlich hat nicht jedes Fest einen religiösen Hintergrund, aber auch andere Feste lassen sich an der Sinnfrage messen. Ich kann das Leben, die Liebe, das Glück in vielfältigen Variationen feiern, weil ich spüre, dass es noch eine andere Ebene des Lebens gibt. Auch da berühre ich die spirituelle Seite des Lebens.

Ohne Sinn-Hintergrund wird das Fest zum Fest um seiner selbst willen. Es gestaltet sich nicht selbst, sondern wird zum Ereignis gemacht. Ein solches Fest ist dann nur eine andere Variante des Alltags und muss durch das nächste Fest abgelöst oder aufgefangen werden. Eine Inszenierung folgt der nächsten, das Fest gerät zum Stress und zur Sinnlosigkeit.

Das Berührende des Festes

Ein Fest, das den Namen verdient, weist über die menschliche Ebene hinaus. Es verbindet Himmel und Erde. Das Göttliche, das Heilige, das Besondere berührt den Menschen.

Jahreskreislauf und persönliche Feste

Viele Feste, die wir feiern, kehren regelmäßig im Jahresrhythmus wieder. In ihnen spiegeln sich verschiedene Aspekte des Jahres und des Lebens wider. Die regelmäßige Wiederholung gibt ihnen einen festen Platz in unserem Leben und schenkt uns Vorfreude, Erleben und Erinnerung.

Das Kalenderjahr

Es gibt unterschiedliche Betrachtungsweisen des Jahres, die sich aber gut ergänzen können.

Der bekannteste Jahresablauf ist das Kalenderjahr. Es hat wenig Bezug zu den Festen, wenn man vom Silvesterabend und Neujahr absieht. Es ist auch nicht am Rhythmus der Natur orientiert. Es besitzt eine gewisse Willkürlichkeit und ist für mich auch nicht überzeugend.

Der Zyklus der vier Jahreszeiten

Der Zyklus der vier Jahreszeiten orientiert sich an der Entwicklung der Natur:
- Der Frühling feiert Keimen und Wachstum.
- Der Sommer stellt das Reifen und das Früchtetragen in den Vordergrund.
- Der Herbst ist die Zeit der Erntefeste und des Vorrates.
- Der Winter ist die Zeit der Ruhe und des Sterbens.

Das Jahr als Sinnbild

Gleichzeitig ist dieser Jahreskreislauf ein Sinnbild des menschlichen Lebens.
Der Frühling gleicht dem Kind, das heranwächst. Am Ende des Frühlings stehen die
Phasen der Jugend, der Liebe und des Erwachsenwerdens.
Der Sommer gleicht dem Erwachsenen, der durch die Wetter des Lebens heranreift.
Der Herbst ist die Zeit der Ernte und der Vergewisserung. In dieser Lebensphase
geschehen auch die ersten Lebensbilanzen, die Zeit der Arbeit geht heute zu Ende.
Im Winter schließt sich der Kreis. Menschen schauen zurück auf die mehr aktiven
Phasen des Lebens. Sie erleben oft die früheren Erfahrungen noch einmal als innere
Prozesse und vielleicht auch als Verarbeitung. Vieles was früher einmal wesentlich war,
beginnt relativ zu werden. Wer will, weiß um das Sterben.

Der religiöse Jahreslauf oder das Kirchenjahr

Das religiöse Jahr oder Kirchenjahr orientiert sich am Leben Jesu und schließt danach
die Kirchenfeste wie Pfingsten oder Heiligenfeste, Patronatsfeste, Kirchweihfeste an.
Von Advent über Weihnachten, Karnevalszeit, Passion, Ostern, Pfingsten, Erntedank,
Allerheiligen bzw. Ewigkeits- (Toten-)sonntag erleben wir wesentliche Themen des
Lebens in diesen Feiertagen. Diese Sichtweisen gilt es neu zu beleben, um so im Jahresrhythmus immer wieder die Chancen des Lebens aufzunehmen.

Eine Einladung zum Leben – durch die Feste

Einige Beispiele zeigen die oft verborgene Bedeutung der Feste. Diese Bedeutung ist
sowohl Erinnerung an das Wesentliche im Leben, als auch Einladung zur verantwortlichen Lebensgestaltung und zur Freude.

Advent	Sich auf das Göttliche vorbereiten	Erwartungsvoll leben
Weihnachten	Gott wird im Menschen geboren	Das Kind in uns annehmen
Karneval	Der/die andere sein wollen	Die eigenen Masken wahrnehmen

Passion	▦ Das Leiden als Teil des Lebens	▦ Eigenes Leid annehmen und gestalten
Ostern	▦ Liebe ist stärker als der Tod	▦ Täglich auferstehen ins Leben, Freude leben
Himmelfahrt	▦ Das Göttliche steigt in die Herzen der Menschen	▦ Ermutigt den eigenen Weg gehen
Pfingsten	▦ Die Energie Gottes macht lebendig	▦ Mitfühlend und achtsam für alle Wesen leben
Allerheiligen/ Ewigkeitssonntag	▦ Dank führt zur Achtsamkeit ▦ Der Tod ist ein Wandlungsprozess, ▦ Niemand fällt aus der Geborgenheit Gottes	▦ »Abschiedlich« leben, der Trauer Raum geben

Persönliche Feste und Familienfeste

Feste gehören zum Lebenslauf des Menschen genauso wie zum Lauf des Jahres. In den persönlichen Festen begegnet der Mensch seinen eigenen Wurzeln, er feiert seine Geburt und Herkunft, sein Heranwachsen und seine Beziehungen. Mit den Festen wird der Mensch gefeiert und feiert er sich auch selbst. Darüber hinaus haben auch viele persönliche Feste eine spirituelle Dimension und werden durch entsprechende Riten begleitet.

Wenn wir klein sind, richten andere für uns die Feste aus. Später werden wir selbst zum Einladenden. Dies ist ein wunderbarer Brauch, der Wertschätzung ausdrückt.

Zu den Festen kommen Menschen zusammen, die als Familie und Freunde verbunden sind. Manchmal sind Familienfeste für Menschen auch etwas Schwieriges. Das liegt aber weniger an dem Fest als solchem, sondern an den Menschen, die zusammenkommen und wie sie ein Fest gestalten.

Drei Ratschläge eines Freundes zum Fest

Wir brauchen gemütliche Plätze und Zeit zum Schwätzen.
Wir lieben einfaches und gutes Essen und Trinken.
Uns erheitert Humor und Musik ...

Wie schön, dass du da bist

Wenn ein Fest für mich gefeiert wird, erfahre ich Wertschätzung. Deshalb brauchen Kinder Geburtstagsfeiern oder die Feier des Namenstages. An diesem Tag können sie spüren: »Ich bin geliebt, respektiert und wertvoll.« Und sie teilen diese Erfahrungen Freunden und Freundinnen mit. Auch diese erfahren: »Dieses Kind ist seinem Vater und seiner Mutter etwas wert.«
Ich kenne Kinder, die weder Geburts- noch Namenstag feiern durften. Den Eltern war dies lästig oder nicht wichtig. Es war so gut wie nie ein finanzielles Problem, sondern eher Desinteresse oder gar Strafe. Die Botschaft, die den Kindern vermittelt wurde und die immer ankam, heißt: »Du bist uns nicht so wichtig.« Dies ist hart und schmerzhaft.
Deshalb ist es gut und heilsam, wenn Kinder spüren: »Wie schön, dass du da bist!«

An den Schwellen des Lebens gestärkt werden

Es gibt sie recht zahlreich,
die Sprünge und Schwellen
im Leben
die es zu feiern lohnt
in den Kindergarten
in die Grundschule
die Kommunion – die Konfirmation
körperlich und seelisch Frau und Mann werden
erste Liebe

aus der Schule
in die Ausbildung – ins Studium
in den Beruf
Hochzeiten
Berufswechsel
in den Feierabend
in den Abschied
und immer können wir innehalten
und uns selber bewusst werden
gemeinsam oder alleine
staunen, danken, trauern, feiern.
Alles auf einmal.

Schöne Zeiten – Hohe Zeiten – Hochzeiten

Wenn ich liebe, dann liebe ich.
Dann möchte ich tanzen und feiern.
Ganz in weiß oder rosa
die Trommeln werden geschlagen
die Orgel spielt Ave Maria
es ist die Hohe Zeit
alles ist Wahnsinn
die Traumhochzeit hebt sich vom Boden der Wirklichkeit
und der Alltag hat eine Ruhepause.
Die Landung ist nicht komfortabel
und kostet Mühe, Schweiß und Konflikte.
Aber erst wenn jeder Tag
Hochzeitsvergegenwärtigung ist
und ich dich morgens ungeschminkt
ohne Zähneputzen küsse
weiß ich warum
ich nachts im Schlaf deine Hand immer noch neben mir suche.

3. Woche

Erntedank

Erntedank ist das Fest, in dem sich religiöse und jahreszeitliche Wurzeln verbinden. Früher, als von der Güte der Ernte noch das Schicksal der Menschen direkt abhing, war das Erntefest ein Herzensbedürfnis, das keiner Erklärung bedurfte. Mit der Industrialisierung der Landwirtschaft und ihrer Produkte ging auch der Bezug zur Ernte verloren. Heute machen es die ständig neuen Schreckensnachrichten nicht leicht, sich an der Nahrung als einem Geschenk der Natur zu erfreuen. Ob BSE oder Medikamente in der Schweinemast oder Hühnerpest, ob Nahrungsmittelschwemme oder Massenvernichtung von Nahrungsmitteln, das Nahrungsmittel scheint oft kein Mittel mehr zu sein, das Leben erhält und fördert.

Zufall oder Verantwortung

Erntedank macht bewusst, dass die Nahrung kein Zufall ist, sondern durch menschliche Arbeit und die Gaben der Schöpfung wächst. Die Schöpfung entfaltet sich reichhaltig und vielfältig. Aber der Mensch ist nicht die Kraft und der Urgrund des Lebens. Diesem Urgrund der Schöpfung dankt der Mensch, der Erntedank feiert. Ein Eingriff des Menschen in die Bausteine des Lebens wird immer ambivalent sein. Noch nie in der Geschichte hat der Mensch etwas hundertprozentig beherrscht. Ob es die Verkehrsmittel oder die Atomkraft sind, jede Entwicklung ist Fortschritt und Elend zugleich, jeder Eingriff – jede Veränderung beinhaltet Schatten und Licht.

Erntedank ist die Einladung, sich an den Wert der Nahrung zu erinnern, zu danken und Verantwortung im eigenen Handeln zu übernehmen.
Es gibt *fünf einfache Regeln* für Freude, Gesundheit und Spaß am Essen:

- So natürlich wie möglich.
- Niemand soll leiden, weder Pflanzen noch Tiere und Menschen.
- Weite Wege der Nahrungsmittel (erst recht der Tiere) sind schädigende Wege.
- Lebensmittel brauchen Achtsamkeit – bei der Herstellung und beim Verzehr.
- Genieße, danke und schau über deinen Tellerrand.

Erntedank nimmt diese fünf kleinen Regeln auf und setzt sie um. Dank führt also zur Verantwortung.

Worte zum Ernten

Wer viel sät, wird viel ernten.

Ernte gut, alles gut!

Was ihr sät, werdet ihr ernten.

Wer Gen-Saat sät, wird Genozid ernten.

Alles wird klein beginnen.

Wenn das Weizenkorn nicht stirbt, bringt es keine Frucht.

Wer mit Liebe sät, kann mit Dankbarkeit ernten.

Wer Hass sät, wird Zwietracht ernten.

Wer das Unkraut ausreißen will, wird auch den Weizen gefährden.

Ein Erntedank-Kunstwerk

Mit etwas Geduld können Sie gemeinsam aus Gaben der Natur ein Mandala legen und so zeigen: Schaut was aus der Mitte, der einen (Lebens-)Kraft alles gewachsen und geworden ist, uns zur Freude und zum Leben.

In der Mitte einer freien Fläche steht eine Kerze.

Jeder nimmt nun vier (bei wenigen Leuten 2 x 4) gleiche (!), geerntete Früchte oder Gemüse oder Samen oder Nüsse oder Körner oder Ähnliches in seine Hand.

Nacheinander werden nun die vier Dinge symmetrisch zur Mitte gelegt. Es entsteht ein gemeinsames Bild, das (fast) immer gut aussieht. Gleichzeitig wächst im schweigenden Dialog ein Werk heran, das die Schönheit und den Reichtum unser Umwelt zeigt.

Dieses Bild kann z.B. auf einem Tisch im Flur oder Wohnzimmer entstehen.

Essen

Essen und Trinken sind die Grundbedürfnisse des Menschen. Ohne Essen und Trinken ist kein Leben möglich. Dies wissen wir alle und vergessen es doch leicht. Gerade meine Generation ist nie dem Hunger begegnet. Dies weiß ich zu schätzen und es erzeugt kein schlechtes Gewissen. Aber ich weiß um die Verantwortung für das Essen, die Lebensmittel, die Getränke und die Nahrung. Letztlich habe ich gelernt, essen zu genießen. Es war wirklich ein Lernprozess, denn viele Kindheitserinnerungen waren eher eine Qual, als eine Einladung zum Essen und zur Verantwortung. Sicherlich geht es anderen Generationen ganz anders, denn das Ess-Bewusstsein hat sich sehr gewandelt.

Heute sind wir dabei, die Achtung vor dem Essen zu verlieren. Es wird nebensächlich, lästig. Kochen und Essen muss schnell gehen. Wir verlieren damit aber auch den elementaren und sinnlichen Zugang zu Genuss, Freude und Dankbarkeit.

Zum Wohl ?! – Ess-Sprüche

Was auf den Tisch kommt, wird gegessen!

Wes Brot ich ess, des Lied ich sing.

Sag mir, was du isst, und ich sag dir, wer du bist!

Früher musste ich darauf achten, dass alles aufgegessen wird. Heute achte ich darauf, dass nicht zu viel gegessen wird. So ändern sich die Zeiten.

Lieber Candle-Light-Dinner, als Käse- und Wurst-Light-Essen.

Wenn du dein Schulbrot wegwirfst, sieht das der liebe Gott und bestraft dich.

Milchschnitten statt Brote – aufgeschwemmt statt durchtrainiert.

Kinder haben beim Essen zu schweigen. Wer den Mund aufmacht, kriegt eins drauf.

Wenn mit Liebe gekocht wird, wird auch mit Ehrfurcht gegessen.

Ess-Erfahrungen

Wenn ich heute mit einer Gruppe Jugendlicher gemeinsam essen will, ist das kaum noch einer gewohnt. Gemeinsam anzufangen ist schon schwierig. Bei fast jedem Essen motzt eine/r rum.
Neulich habe ich den Tisch schön gedeckt. Ich habe eine Tischdecke genommen, Kerzen auf den Tisch gestellt und liebevoll geschmückt. Es war fast ein Candle-Light-Dinner. Zu meiner Überraschung waren auch die Freunde meiner Kinder berührt und die Atmosphäre war entspannt, leiser und rücksichtsvoll. Es war einfach schön.

Das Beten vor dem Essen wurde irgendwann ein abgenutztes Ritual. Es war immer dasselbe. Aber einen Sinn hatte es doch. Kann man da nicht anknüpfen?
Wir singen gemeinsam vor dem Essen. Das hat das Kindergebet abgelöst. Manchmal geben wir uns auch nur die Hände und schweigen einen kleinen Augenblick. Dies ist bei uns für Kleine und Große wichtig. Alle wünschen sich dies und wenn einer vorher anfängt, regelt das schon einer.

Essen schafft Gemeinschaft. Es ist schön, wenn Gäste willkommen sind. Nicht die Menge des Essens ist entscheidend, sondern die Bereitschaft zu teilen. Es hat noch immer für alle gereicht.

Essen als Gesprächs- und Austauschzeit

Die Essenszeit am Abend ist der Ort und Zeitpunkt, an dem sich alle Treffen und sich austauschen. Sonst sind nie alle gemeinsam zu Hause. Alle haben die gleichen Rechte. Und wir nehmen uns Zeit. Es ist fast wie gemeinsam essen gehen, ...

Der berühmte Koch

Ein berühmter Koch bewirtete seine Freunde mit einem Menü. Der Raum war schön hergerichtet und gestaltet. Der Tisch geschmückt. Alle waren begeistert. Es gab kein Fleisch, aber es war köstlich. Er wurde gelobt, die Zutaten wurden gerühmt. Am Ende wollten alle wissen, wer ihn beliefert, wie die Rezepte waren und ob sie sich dies auch leisten könnten.

Der Koch lächelte: »Es stammt alles von meinem Gärtner um die Ecke und ihr könnt es preiswert einkaufen. Ihr seid das Gute und das Einfache nicht mehr gewohnt. Nichts ist raffiniert. Es schmeckt natürlich. Ihr braucht kaum Geld, nur Zeit, Geduld und gute Ware.«

Das Essen austeilen

In diesem Essen
erkenne ich klar,
wie das gesamte Universum
mein Leben ermöglicht.

Diese Verse helfen uns, das Prinzip der abhängigen Existenz zu erkennen, weil unser Leben und das Leben aller anderen Arten auf der Erde miteinander verknüpft und voneinander abhängig sind .

THICH NHAT HANH

Den leeren Teller betrachten

Mein Teller ist jetzt leer,
bald wird er gefüllt werden
mit wertvollem Essen.

Ich bin mir bewusst, dass viele Menschen auf dieser Welt auf einen leeren Teller schauen und wissen, dass ihr Teller auch in der folgenden Zeit leer bleiben wird. Ich bin dankbar, dass ich etwas zu essen habe, und ich will Mittel und Wege finden, um den Hungernden auf der Welt zu helfen.

THICH NHAT HANH

Gebete und Meditationen

Ich sehe auf den gedeckten Tisch
und die Fülle des Essens.
Ich bin dankbar für dieses Geschenk des Lebens an mich.

In jedem Essen leben wir von dem, was andere uns geschenkt haben.
Tiere und Pflanzen, Menschen und Flüsse beschenken uns.
Sie stillen unseren Durst und unseren Hunger.

Danke GOTT
für den Kompost und die Regenwürmer,
für die Stacheln der Rose, die mich ihre Schönheit respektieren lernen,
für den Misthaufen, der mich mit seinem Gestank erinnert,
dass aus Mist mit Arbeit, Zeit und Geduld Gutes und Notwendiges wachsen kann.

5. Woche

Geschichten und mehr

Der Rabbi von Nemirov

Dreißig Tage lang bereiten sich die Juden auf die wichtigsten Tage des Jahres vor: Die hochheiligen Tage, die ersten zehn Tage des Monats Tischri. Die ersten zwei Tage ist Rosch Haschana, das jüdische Neujahr. Der zehnte Tag ist Jom Kippur. Die Tage dazwischen werden Tage der Einkehr genannt. In der letzten Woche vor Rosch Haschana werden ganz früh am Morgen in der Synagoge besondere Gebete gesprochen, in denen Menschen über ihr Verhalten im angelaufenen Jahr nachdenken. Haben sie Menschen verletzt, sind sie ihren Versprechen nachgekommen, sie bitten um Vergebung bei jedem, den sie kennen. Und sie versuchen in diesen Tagen besonders den Mitmenschen Gutes zu tun.

In den Tagen vor Rosch Haschana geschah in dem russischen Dörfchen Nemirov etwas sehr Seltsames.

Als die Menschen morgens früh zur Synagoge eilten, um in ihren Gebeten über ihr Verhalten im vergangenen Jahr nachzudenken, war der so geliebte Rabbi des Dorfes nicht dabei. Niemand wusste, wo er war. Er war verschwunden, ohne eine Spur zurückzulassen, gerade so, als hätte es ihn nie gegeben.

Die Juden von Nemirov hatten nur eine Erklärung für dieses Verschwinden: Der Rabbi ist unterwegs in den Himmel. Dort verteidigt er vor Gott die Interessen der Bewohner von Nemirov. Dieser Gedanke gab den Menschen in Nemirov Vertrauen in die Zukunft. Sie glaubten, dass mit Hilfe ihres Rabbi das neue Jahr ein gutes und süßes Jahr werden würde.

Eines Tages kam ein Fremdling in das Dorf, ein Gelehrter aus Litauen. Sein Name war Mosche. Er hatte bei den berühmtesten Rabbinern seines Landes studiert. Als er die Geschichte über den Rabbi von Nemirov hörte, über sein Verschwinden und über seinen Besuch im Himmel in der Zeit vor Rosch Haschana, da lachte er. Er hatte so viel gelernt, er glaubte nicht mehr an Wunder.

Aber der Rabbi musste doch irgendwo hingehen, wenn er verschwindet. Mosche beschloss, das herauszufinden.

In der Woche vor Rosch Haschana versteckte Mosche sich in dem Zimmer des Rabbi. Alles ging seinen normalen Gang. Der Rabbi ging ins Bett und schlief schnell ein. Mosche musste ganze Seiten aus seinen Studierbüchern wieder und wieder in seinen Gedanken aufsagen, um nicht selber auch einzuschlafen. Kurz vor Sonnenaufgang kam Bewegung ins Haus. Mosche hörte, wie der Rest der Familie wach wurde. Einer nach dem anderen verließ das Haus und ging in die Synagoge zum Gebet. Als es im Haus wieder still war, stand auch der Rabbi auf. Er zog sich rasch an. Alles ganz normal. Oder doch nicht? Mosche sah noch einmal genau hin. Der Rabbi zog fremde Kleider an. Kleider, wie sie russische Bauern in der Umgebung von Nemirov trugen. Ein Hemd, eine Hose, feste Stiefel und einen warmen Kittel. In ein paar Minuten war der Rabbi von Nemirov in einen typischen russischen Bauern verwandelt. Auch für den, der ihn kannte, war er nicht mehr zu erkennen. Als wenn es die normalste Sache der Welt wäre, ging der Rabbi aus dem Zimmer in den Keller und holte dort eine Holzhackerausrüstung zum Vorschein, ein Beil und ein langes Seil. So verließ er das Haus.

Mosche folgte ihm in einigem Abstand. Sie liefen und liefen, aus dem Dorf hinaus, über den Landweg entlang der Bauernhöfe, bis sie zum Wald kamen. Wählerisch besah sich der Rabbi die Bäume. Er zog seinen Kittel aus, packte das Beil und fing an, einen der kleineren Bäume umzuhacken. Er arbeitete schwer und schnell. Die Äste und der Stamm verwandelten sich in ordentliche Stücke Brennholz. Er band das Seil drum herum und lud sich die schwere Fracht auf die Schultern. Dann lief er zurück nach Nemirov – und Mosche hinterher.

Im Dorf bog der Rabbi in eines der dunklen Gässchen ein. Er blieb vor einem baufälligen Haus stehen und ging dann hinein. »Ich bin es, der Vassil«, hörte Mosche den Rabbi sagen. Vorsichtig schlich Mosche näher, um durch das Fenster hineinzuschauen. Er sah, wie der Rabbi in eine Kammer ging, in der eine alte Frau im Bett lag. Neben ihr stand ein schwach brennendes Öfchen, der Korb mit dem Brennholz war so gut wie leer.

Der Rabbi füllte den Korb mit seinem Brennholz und kniete sich vor den Ofen. Als er die ersten Stücke Holz in das Feuer legte, sang er die ersten Verse des Gebetes, das an diesem Morgen in der Synagoge gebetet wurde. Als er das Feuer rüttelte, sang er den zweiten Teil. Und die letzten Verse sang er, als das Feuer schön aufloderte. Am Schluss des Gebetes flüsterte Mosche, der gegen die Fensterscheibe gedrückt dastand, leise »Amen«. Danach drehte er sich um und lief nach Hause.

Seit jenem Tag lacht Mosche nicht mehr, wenn die Menschen von Nemirov sagen, dass ihr Rabbi in den Tagen vor Rosch Haschana in den Himmel geht. Stattdessen sagt er: »In den Himmel? Wer weiß? Auf jeden Fall so etwa in die Gegend, und vielleicht sogar noch höher.«

NACH EINER CHASSIDISCHEN LEGENDE

Mein allerschönster Geburtstag

Ich finde, mein Geburtstag und der Weihnachtsabend sind die schönsten Tage im ganzen Jahr. Meinen allerschönsten Geburtstag hatte ich als ich sieben Jahre alt wurde. Das war so:

Ich wachte früh auf. Ich wohnte damals in Lasses und Bosses Zimmer. Lasse und Bosse schliefen noch. Ich habe ein Bett, das knarrt, und ich drehte mich immerzu hin und her. Es sollte ganz laut knarren, damit Lasse und Bosse aufwachten. Ich konnte sie ja nicht rufen, denn wenn man Geburtstag hat, muss man tun, als ob man schläft, bis man das Frühstück ans Bett gebracht bekommt. Und da lagen sie in ihren Betten und schliefen, anstatt an meinen Geburtstag zu denken. Ich knarrte so laut mit dem Bett, dass Bosse sich schließlich aufrichtete und an den Haaren riss.

Dann weckte er Lasse, und sie schlichen hinaus und die Treppe herunter. Ich hörte Mutti unten in der Küche mit den Kaffeetassen klappern, und ich konnte vor lauter Spannung fast nicht stillliegen.

Endlich hörte ich, wie es auf der Treppe trapste. Ich kniff die Augen so fest zu, wie ich nur irgend konnte. Und dann ging die Tür auf, und da standen Vati und Mutti und Lasse und Bosse und Agda. Agda ist unser Hausmädchen. Mutti hatte ein Tablett in der Hand. Darauf stand eine Tasse Schokolade, eine Vase mit Blumen und eine Torte. Die hatte Agda gebacken. Auf der Torte stand in Buchstaben aus Zuckerguss:

Lisa 7 Jahre

Aber Geschenke waren nicht dabei, sodass ich schon fand, es wäre kein richtiger Geburtstag. Da sagte Vati:

»Trink jetzt deine Schokolade. Dann wollen wir sehen, ob wir ein Geschenk für dich finden können.«

Ich begriff, dass es eine Überraschung sein sollte, und ich machte mich schnell über die Schokolade her. Als ich den letzten Schluck getrunken hatte, band Mutti mir ein Taschentuch vor die Augen, und Vati drehte mich immer im Kreise herum, und dann nahm er mich auf den Arm und trug mich hinaus, ohne dass ich auch nur ein bisschen sehen konnte. Ich hörte, dass

Lasse und Bosse nebenherliefen, und ich fühlte es auch, denn manchmal kniffen sie mich in die Zehen und sagten:

»Kannst du raten, wo du bist?«

Vati ging mit mir die Treppe hinunter und ging immer im Kreis herum. Einmal merkte ich, dass wir im Freien waren, und gleich darauf stiegen wir wieder eine Treppe hinauf. Schließlich band Mutti mir das Taschentuch ab. Und da waren wir in einem Zimmer, das ich noch nie zuvor gesehen hatte. Wenigstens glaubte ich, ich hätte es noch nie gesehen. Aber als ich aus dem Fenster guckte, sah ich ganz nah den Giebel des Nordhofes. Am Fenster standen Britta und Inga und winkten mir zu.

Da begriff ich, dass ich in Großmutters altem Zimmer war und dass Vati nur so lange mit mir umhergegangen war, um mich zu verwirren. Großmutter wohnte bei uns, als ich klein war. Aber vor einigen Jahren zog sie zu Tante Astrid. Später hatte Mutti ihren Webstuhl in diesem Zimmer stehen, mitten zwischen großen Flickenhaufen, aus denen sie unsere Teppiche webte. Jetzt war von dem Webstuhl oder den Flickenhaufen nichts mehr zu sehen. Es war jetzt ein so feines Zimmer, dass ich dachte, ein Zauberer müsse das gemacht haben. Mutti sagte, es sei wirklich ein Zauberer gewesen, und dieser Zauberer sei Vati. Er habe ein Zimmer für mich gezaubert, das mir ganz allein gehören solle. Das sei mein Geburtstagsgeschenk.

Ich freute mich so sehr, dass ich laut aufschrie. Ich fand, dies war das schönste Geburtstagsgeschenk, das ich je bekommen hatte. Vati sagte, Mutti habe ihm beim Zaubern geholfen. Vati hatte die Tapeten gezaubert, oh, so süße Tapeten mit vielen winzig kleinen Blumensträußen, und Mutti hatte die Vorhänge vor dem Fenster gezaubert. Vati hatte abends drüben in der Werkstatt für mich eine Kommode, einen runden Tisch, ein Regal und drei Stühle gezaubert und alles weiß gestrichen. Mutti hatte die Flickenteppiche gezaubert, die auf dem Fußboden lagen und rote, gelbe, grüne und schwarze Streifen hatten. Ich habe selber gesehen, wie sie sie im Winter webte, aber ich konnte ja nicht wissen, dass sie für mich sein sollten. Ich hatte auch gesehen, dass Vati die Möbel tischlerte, aber Vati macht im Winter immer Möbel für Leute, die selber nicht tischlern können. Ich hatte also nicht einen Augenblick gedacht, dass sie für mich wären.

ASTRID LINDGREN

1. Woche

Frieden beginnt mit mir und in mir

An-Sprüche

Friede und Liebe sind Geschwister, manchmal haben sie Streit. Wenn es aber zum Krieg kommt, sterben beide.

Wer mit sich wirklich in Frieden leben kann, der kann mit sich zufrieden sein.

Der größte Feind des Friedens ist nicht der Andere, sondern du selbst.

Deine Feinde

Wenn Jesus sagt: »Liebe deine Feinde, segnet die euch fluchen, tut Gutes denen, die euch hassen und bittet für die, die euch beleidigen und verfolgen«, meint er da wirklich nur die Anderen oder meint er mich selbst?

Bin ich nicht oft selbst mein eigener Feind und hasse ich mich nicht oft selbst?

Tue ich mir selbst wirklich etwas Gutes oder fällt mir das schwer?

Beleidige ich mich nicht oft selbst, durch meine Unzufriedenheit und mein Genörgel an mir?

Und wer verfolgt mich am meisten? Ich mich? Träume ich nicht schon von mir? Jagt mich nicht meine Zeit?

»Liebe deine Feinde?« heißt dies nicht erst einmal: »Liebe dich selbst?«

Regeln für den Frieden

Frieden beginnt in dir. Solange du nicht mit dir in Frieden lebst, gelingt es dir auch nicht mit anderen. Was du an dir nichts liebst, hasst du auch an anderen. Lerne dich zu lieben und du wirst Frieden finden.
Sei achtsam. Merke deine Gefühle und Regungen, deine Wut und deine Liebe, deine Ängste und deine Stärken. Werte dich und andere nicht ab. Sei mutig und stehe zu dir. Und du wirst Frieden finden.
Harmonie ist nicht Frieden, allenfalls eine Sehnsucht nach Frieden. Wer den Frieden sucht, scheut den Konflikt nicht. Wer Konflikte anspricht und klärt, ohne sich selbst für besser zu halten, geht einen Schritt auf dem Weg des Friedens.
Gehe Schritt für Schritt, nüchtern und wachsam. Und du wirst Frieden finden.

Schalom

Schalom sagen die Menschen in der jüdischen Tradition zueinander und wünschen sich Frieden. Anderen »Schalom wünschen« heißt, jedem Einzelnen bestmögliches Gedeihen zu gönnen. Dies ist erst einmal ein ganz persönlicher Wunsch, denn das bestmögliche Werden und Wachsen sieht für jeden von uns anders aus. Dies macht den Shalom so schwierig: Jeder findet nur den eigenen Frieden, wenn er seine eigenen Chancen, Fähigkeiten und Grenzen nutzt. Er ist nicht und wird nicht sein Nachbar oder seine Nachbarin sein können. Wer das nicht akzeptiert, bleibt mit sich im Unfrieden und verliert seinen Schalom.

Ein Kind

Ein schwieriges aggressives Kind in der Schule sagte am Ende einer Stunde zu seiner Lehrerin:
»Ich wäre so gerne gut, aber das ist so schwer.«

2. Woche

Frieden untereinander

Friedensvarianten

Die Römer nannten es »Pax romana«, den Frieden Roms, wenn sie ein Volk besiegten und befriedeten. Frieden in Rom hieß nichts anderes, als dass der Mächtigere Ruhe durch die Gewalt seiner Waffen hat.

Wenn alle gleich stark sind oder gleich schwach, dann herrscht Machtbalance. Wenn einer aufrüstet, dann zieht der andere nach. So bleiben alle gleich stark. Einige verdienen sehr gut dabei. Nur wer arm ist, hat so noch weniger Geld für das Nötigste.

Wer auf Krieg verzichtet, hat noch keinen Frieden.

Ich gebe euch meinen Frieden (Schalom) nicht den Frieden, den die Welt (pax romana) gibt.   JESUS AUS NAZARETH

Das Böse

Es gibt das Böse. Nicht nur in Menschen. Erst recht nicht nur im anderen Menschen.
Es gibt das Böse. Nicht losgelöst von Menschen, aber erschreckender, als wir uns Menschen vorstellen können.
Nach Auschwitz und Theresienstadt sollte keiner mehr fragen: »Gibt es das Böse?«
Nach den Balkankriegen und den Vergewaltigungen sollte keiner mehr sagen: »Das hätte ich Menschen nie zugetraut!«

Vor den nächsten Kriegen sollte keiner mehr sagen: »Schlimmer kann es nicht mehr werden!«

Es gibt das Böse. In jedem von uns ist es lebendig. Nimm den Käfig weg, entlasse den Dompteur deiner inneren Widersprüche und Kämpfe. Du wirst sehen: »Es gibt das Böse!«

Deshalb sehe in deinen Spiegel und widerstehe dem Böse. Denn du kannst Nein sagen.

Die Verkleidung des Bösen

Das Böse kann sich immer verkleiden. Es taucht auf in Freundlichkeit und als Teufel, es kommt charmant und als Satansbraten an. Das Böse bietet das Paradies an und schenkt dir die Hölle auf Erden. Das Böse wartet als Biedermann und Stammtischspruch auf seine Zeit. Das Böse tanzt mit dem Schwächling und dem Helden. Es fördert den Übermut und meidet die Ängste. Das Böse kennt alle Verkleidungen. Es hat schon Autobahnen und Mauern gebaut und Volkslieder gesungen. Es hat dich auch um deine Meinung gefragt: »Wollt ihr den totalen Krieg?«

Krieg ist immer zu spät

Ein Freund sagte zu mir: » Es gibt eine Armee, damit es nie zum Krieg kommt.«
Ich antwortete: »Wenn es zum Krieg kommt, dann gibt es eine Armee. Und du musst in den Krieg ziehen.«

Neulich wurde uns gesagt: »Waffengewalt ist das letzte Mittel, um die Menschen dort vor Kriegsverbrechern zu schützen.« Dies erscheint richtig. Aber wie viele Mittel wurden vorher nicht eingesetzt?

Erst zum Schluss – und dies liegt im Wesen des Schlusses – kommt immer das letzte Mittel.
Deshalb beginnt rechtzeitig mit allen anderen Mitteln. Sie dürfen ruhig genauso viel kosten und genauso intensiv eingesetzt werden, wie das letzte Mittel.

Wie im Kleinen, so im Großen

In uns streiten die Sehnsucht nach Frieden und die Aggressionen. Beides gehört zum Leben. Aggressionen sind notwendig, damit Menschen sich durchsetzen und wehren können. Frieden ist notwendig, damit Menschen nicht ihre Grenzen überschreiten. Wer seine Aggressionen verdrängt, bei dem kommen sie auf Umwegen wieder zum Vorschein. Wer seine Friedenssehnsucht verdrängt, bei dem wird das Herz kalt und die Gewalt zieht als Gast ein.
Wer friedlich leben will, muss seine Aggressionen kennen.

Männlichkeit und Krieg

Als Helden sind die Väter gegangen. Unwiderstehlich, männlich, verehrt.
Sie sahen die Tränen nicht. Nicht vorher und nicht nachher – an ihren Gräbern.

Eine Schlussfolgerung

Wenn Jungen kämpfen wollen, dann sollen sie kämpfen.
Wenn Mädchen kämpfen wollen, dann sollen sie kämpfen.
Aber Mädchen und Jungen müssen nicht kämpfen und sind genauso viel wert.

Frauen an die Waffen

Frauen an die Waffen, Männer an die Waffen. Dies beschreibt die Gleichberechtigung von Frauen und Männern in den Armeen. Frauen steigen aus der Opferrolle aus, ob sie auch zu Tätern werden, wird sich erweisen. Vielleicht werden weibliche Vorstellungen den Frieden fördern. Wenn nicht? Dann hat sich auch nichts geändert.

Mit Gewalt leben

Neue Gesetze, alte Muster

Im Jahr 2000 beschloss der Bundestag ein Gesetz, das Eltern zur gewaltfreien Erziehung anhält und letztlich Gewalt als Erziehungsmittel verbietet. Dies ist notwendig und gut. Und doch halte ich das Gesetz nur für eine Vision, eine Hoffnung und einen Weg in eine gewaltfreie Erziehung. Die Wirklichkeit ist anders. In vielen Fällen hat die Veränderung erst gerade begonnen. Gewalt in der Erziehung ist für viele Menschen eine Wirklichkeit gewesen, sie sind verletzte Menschen mit verletzten Wurzeln.

Sie sind der Wut, der Hilflosigkeit, der Gewohnheit, dem Sadismus begegnet. Verurteilungen der Täter allein helfen nicht weiter, denn der Verzicht auf Schlagen und »alltägliche Gewalt« setzt eigene Sicherheit und Einsicht in eigene Fehler voraus. Wer keine persönliche Autorität hat, will sich mit Gewalt Autorität verschaffen. Dies gilt für das Elternhaus wie für den Schulhof oder für Randale.

Letztlich drückt sich in Gewalt etwas Tieferes aus:

- Ich will mich durchsetzen und darf nicht schwach sein
- Ich bin stark und darf meine Ängste nicht zeigen
- Ich grenze mich ab: Mit mir machst du dies nicht
- Ich bin der Bestimmer, der Herrscher/die Herrscherin
- Ich will Macht haben
- Ich kann mich nicht beherrschen
- Ich bin hilflos
- Ich habe es nicht anders gelernt

1950–2000: 50 Jahre Erziehung mit Gewalt

In den letzten fünfzig Jahren sollten Eltern und andere Erziehende lernen, gewaltfrei zu erziehen. Dies war notwendig, aber auch voller Illusionen. Schauen wir uns diesen Zeitraum kurz an.

In den Fünfzigerjahren haben die Lehrer in meiner Kleinstadt noch mit dem Stock geprügelt, in den Sechzigerjahren galten an den Haaren ziehen, Haar-Koteletten drehen und saftige Ohrfeigen als normal. Bei mir hat manch einer mal die Vaterrolle übernommen und mir eine gelangt.

In den Siebzigerjahren zog dann die Hilflosigkeit ein: »Wie sollen wir uns jetzt durchsetzen?«

Es stellte sich die Frage: »Wie können Grenzen gezogen, Konflikte ausgetragen und Regeln ohne Gewalt durchgesetzt werden.« An der Antwort werden wir noch lange mitarbeiten können.

Erinnerung einer Geschlagenen

Mein Großvater hat zu meinem Vater gesagt: »Ich habe sehr viel Prügel bekommen. Sei froh, dass du weniger bekommst. Du hast es verdient.«

Mein Vater hat zu mir gesagt: »Ich habe sehr viel Prügel bekommen. Sei froh, dass du weniger bekommst. Du hast es verdient.«

Ich habe zu meinem Sohn gesagt: »Ich habe sehr viel Prügel bekommen. Sei froh, dass du weniger bekommst. Du hast es verdient.«

Mein Sohn hat gesagt: »Du hast mir so viel blaue und grüne Flecke geschlagen. Kein Kind hat diese Prügel verdient. Ich versuche nicht zu schlagen, denn Schläge tun nicht nur körperlich weh.«

Es tut mir Leid – vier schwere Wörter

Es hätte ihm gut getan irgendwann zu hören:
All die Schläge mit dem Teppichklopfer und seinem Eisenstil – tun mir Leid.
Die Prügel durch den frommen Internatsleiter und Oberstudiendirektor – tun mir Leid.
Die ansatzlosen Ohrfeigen des Sportlehrers und die Kopfschmerzen – tun mir Leid.
Das Kotelettziehen und das Reißen aus der Bank – tun mir Leid.
Die zerbrochenen Kochlöffel auf dir – tun mir Leid.
Die Worte »wenn du dich wehrst, wächst deine Hand aus meinem Grab« – tun mir Leid.
Dass du Vertrauen verloren und an Angst gewonnen hast – tut mir Leid.
Die Ledergürtel und die Striemen auf den Rücken deiner Klassenkameraden – tun mir Leid.
Er wartet bis heute auf die wenigen kleinen Wörter, vielleicht könnte er verzeihen.
Aber wahrscheinlich wartet er umsonst.
Und die Eltern wundern sich, dass er so zurückhaltend ist.

Gewaltverzicht

Gewaltverzicht ist nur da möglich, wo der Mensch seine ureigene Würde und seinen Wert, genauso wie die Würde und den Wert des anderen Menschen bedingungslos anerkennt.

Der kleine Unterschied

Wer auf Gewalt verzichten kann, verzichtet nicht auf Autorität und auf Macht. Im Gegenteil er/sie besitzt genug persönliche Autorität und integere Macht, dass er bzw. sie auch schwach sein kann.

4. Woche

Visionen, Widerstand, Gewaltfreiheit

An-Sagen

Widerstehet dem Bösen durch das Gute.

Die Angst überwinden heißt Nein sagen.

Verzeihen ist da möglich, wo sich die Tür einen Spalt öffnet.

Sich erinnern ist notwendig und die Voraussetzung aller Versöhnung.

Wer aber das Gestern mit dem Heute verwechselt, gestaltet und verantwortet das Heute nicht.

Widerstand im Dritten Reich

Es ist nicht einfach, dem Bösen zu widerstehen. Die mächtige Bundesgenossin des Bösen ist die Angst. Aus Angst haben viele geschwiegen, weggesehen und weggehört. Doch einige haben der Angst widerstanden. Sie nahmen die Kraft aus ihrem Gewissen, aus ihrem Glauben, aus ihrem Mitleid, aus ihrem Gefühl für Gerechtigkeit. Namen wie die der Geschwister Scholl, Schindler, Bonhoeffer sollten stellvertretend für all die stehen, die ihrer Angst widerstanden und die dafür gesorgt haben, dass auch die Erinnerung an diese Zeit hier und da ein menschliches Gesicht hat.

Erfahrungen im Faschismus – nach Martin Niemöller

Als sie die Juden holten, habe ich geschwiegen, denn ich war kein Jude.
Als sie die Kommunisten holten, habe ich geschwiegen, denn ich war kein Kommunist.
Als sie die Sozialisten holten, habe ich geschwiegen, denn ich war kein Sozialist.
Als sie mich holten, war keiner mehr da, der für mich hätte sprechen können ...

Ich habe einen Traum ...

Manche Träume, und damit sind nicht nur Träume im Schlaf gemeint, haben sich politisch ausgewirkt. Josef deutete die Träume des Pharaos von den sieben fetten und mageren Jahren in Ägypten und rettet damit ein ganzes Reich.
Martin Luther King (am 28.8.63 in Washington) nannte seine Vision von Geschwisterlichkeit einen Traum und öffnete damit Perspektiven, schuf Motivationen und gab der Bürgerrechtsbewegung der schwarzen Amerikaner eine politisch-poetische Orientierung, die Grenzen überwand:

Ich sage euch heute, meine Freunde,
dass ich trotz der Schwierigkeiten
und Enttäuschungen des Augenblicks einen Traum habe ...
Ich habe einen Traum,
dass eines Tages auf den roten Bergen von Georgia
die Söhne früherer Sklaven und die Söhne ehemaliger Sklavenhändler
in der Lage sein werden, miteinander am Tisch der Brüderlichkeit zu sitzen.
Ich habe einen Traum,
dass eines Tages selbst der Staat Mississippi, ein Wüstenstaat,
der in der Hitze der Ungerechtigkeit und Unterdrückung schmachtet,
in eine Oase der Freiheit und Gerechtigkeit verwandelt werden wird.
Ich habe einen Traum,
dass meine vier kleinen Kinder eines Tages in einer Nation leben werden,
wo sie nicht nach der Farbe ihrer Haut,
sondern nach der Beschaffenheit ihres Charakters beurteilt werden.

Der große Friede

In den Krieg gehen die menschlichen Leidenschaften ein wie die Wasser ins Meer, und er schaltet mit ihnen. Aber in den Großen Frieden müssten sie eingehen wie die Erze ins Feuer, dass es sie schmelze und verwandle. Und nun würden die Menschenvölker in gewaltigerer Leidenschaft miteinander bauen, als sie je gegeneinander gefochten haben.

MARTIN BUBER

Die gewaltlosen Aufstände

Als Dietrich Bonhoeffer sich zum Widerstand gegen das »Dritte Reich« entschloss, gab es nur die Möglichkeit mit Gewalt, d.h. mit Attentaten gegen den Faschismus vorzugehen.

Erst Mahatma Gandhi übte nach dem Zweiten Weltkrieg mit dem indischen Volk gewaltlosen Widerstand gegen die Engländer und Indien wurde unabhängig.

Martin Luther King übte in den Sechzigerjahren machtvoll aber gewaltlos Widerstand gegen die Rassengesetze in den USA und die Bürgerrechtsbewegung erkämpfte die Gleichberechtigung.

In der ehemaligen Tschechoslowakei übten die Menschen 1968 gewaltlosen Widerstand gegen die russischen Besetzer und brachten die Militärs an den Abgrund einer Niederlage. Sie bereiteten das Ende der autoritären Regime im Osten vor.

In der ehemaligen DDR übte die Bevölkerung 1988/89 gewaltlos Widerstand gegen das Regime und überwand es. Die Menschen ermöglichten die Wiedervereinigung.

Gewaltloser Widerstand ist die Form des Widerstandes, der unmenschliche Bedingungen verändert, ohne Menschen zu vernichten. Oft genug aber profitieren von den Veränderungen nicht die, die sie mit Mut, Fantasie, Lebenseinsatz und Ängsten durchgesetzt haben, sondern ganz andere. Dies ist nicht nur in der ehemaligen DDR bitter und ungerecht gewesen.

Geschichten und mehr

Der Stein

Vielleicht glaubt ihr auch: »Ein paar hinter die Ohren
kann Kindern nicht schaden, sonst hörn sie ja nicht.«
Mensch, ich war auch schon mal so ratlos und wütend
und schlug meiner Tochter die Hand ins Gesicht.

Ich schämte mich nachher.
Es soll nie wieder sein!
Nun hört die Geschichte
von jenem Stein!

Ein Junge war einmal ganz bockig und böse.
Da wusste die Mutter nicht ein noch aus.
Sie drohte ihm eine Tracht Prügel zu geben
und schickte ihn schließlich zum Garten hinaus.

Er sollte sich selbst einen Stock draußen suchen.
Sie wartete lange, dann kam er herein.
Er schaute der Mutter verzweifelt entgegen
und trug in der Hand einen faustgroßen Stein.

»Ich finde keinen Stock«,
so erklärte er ihr,
»den Stein aber kannst du
doch werfen nach mir!«

Die Mutter schloss wortlos das Kind in die Arme.
Was hatte der Junge nur von ihr gedacht?!
Da standen sie beide umschlungen und heulten
und schnieften und schnäuzten und haben gelacht.

Der Stein liegt seitdem
auf dem Küchensims halt
zur täglichen Mahnung:
Niemals Gewalt!

GERHARD SCHÖNE

Die Geschichte eines Knaben

In Montenegro, im Land der schwarzen Berge, lebte in alter Zeit ein Knabe namens Blascho Blajowitsch. Während die anderen Knaben seines Alters sich danach sehnten, so schnell wie möglich Gewehr und Schnauzbart eines Mannes zu verdienen, hatte Blascho nur den einen Wunsch: ein kluger Mann zu werden, wenn möglich so klug wie der Fürstbischof. Blaschos Vater Rade, ein Hüne von zwei Zentnern, der die Pistole und die Flinte liebte wie ein anderer seine Pfeife, pflegte seinen Sohn »das Lamm« zu nennen. Oft fragte er sich sorgenvoll: »Was wird aus ihm, wenn die Wölfe kommen?«

Der große starke Mann meinte mit den Wölfen nicht etwa die Türken, er meinte vielmehr die Männer des eigenen Volkes, Männer aus Stämmen, die mit seinem Stamm verfeindet waren. Denn zu jener Zeit gab es in Montenegro die Blutrache noch. Man erschoss und erschlug Männer aus anderen Stämmen, weil jene zuvor Männer des eigenen Stammes umgebracht hatten. Mord zeugte Mord in einer Kette ohne Ende.

Da es nun als schimpflich galt, an Frauen und Kindern Rache zu üben, war es eine männermordende Zeit. Blaschos Mutter und seine beiden Schwestern unterbrachen ängstliche Gespräche oder Arbeit, wenn sie in den Bergen einen Schuss dröhnen hörten; denn es konnte sein, dass statt eines Bären oder Hasen Rade, der Mann und Vater, getroffen worden war.

Der Knabe Blascho hatte anfangs wie die Frauen gezittert. Aber mit zunehmenden Alter und mit dem Fortschritt, den er im Lesen und Schreiben machte, hatte die Angst um den Vater nachgelassen. Er hatte erkannt, dass sein Vater zwar wild und rasend wie ein Stier sein konnte, aber

zugleich von füchsiger Vorsicht war. Stattdessen machte er sich von Jahr zu Jahr mehr Gedanken über die Männer, die mit Pistolen und Flinten rächend durch das Gebirge zogen. Gewöhnlich lag er in seinem weißwollenen Hirtenmantel mit den schwarzen Säumen unter dem Granatapfelbaum im Gras und hatte die Bibel bei sich, das einzige Buch, das es im Hause gab.

Blascho hatte in der Bibel Sätze gelesen, die er noch nie aus montenegrinischem Munde gehört hatte. Er hielt diese Sätze deshalb für Geheimnisse, die man nicht aussprechen durfte. In ihnen war die Rede davon, dass man seinen Feinden vergeben, ja, dass man sie sogar lieben solle. Es war die Rede von den Friedfertigen, die selig sind, und von denen, die in das Himmelreich kommen, wenn sie nur wie die Kinder werden.

Wenn Blascho hinaufsah in das Grün des Granatapfelbaumes, dann dachte er oft an den lustigen Onkel Petar, den Bruder seiner Mutter, der eines sonnigen Sonntagmorgens schreiend und wie ein Betrunkener schwankend unter diesen Baum getaumelt war. Zwischen den Fingern seiner Hände, die er über dem Herzen gehalten hatte, war ein Strom von Blut hervorgequollen. Hier unter diesem Baum war Onkel Petar vornüber ins Gras gestürzt. Hier hatte er gerufen: »Rächt mich! Es waren ...«

Die Stimme war gebrochen, und er war gestorben.

Das konnten nur die Djuranowitschi gewesen sein, mit deren Stamm sein eigener Stamm in Blutfehde lag.

Inzwischen war der Mörder gerichtet und der Tote gerächt. Blaschos eigener Vater hatte den Mörder erstochen, als er ihm oben im Gebirge im Wald begegnet war. Dafür hatten die Djuranowitschi den jüngsten Bruder des Vaters erschlagen, den schönen Onkel Leka mit den schmalen Händen. Die blutige Fehde ging weiter ohne Hoffnung auf ein Ende, Auge um Auge, Zahn um Zahn, Mann um Mann.

Blascho fand keinen Sinn mehr in dem blutigen Ringelspiel. Er dachte an die geheimnisvollen Sätze in der Bibel, er träumte von einem Reich des Friedens.

Deshalb schoss ihm vor freudiger Bestürzung wahrhaftig das Blut in den Kopf, als sein Vater eines Tages erklärte, am folgenden Freitag werde zwischen den beiden feindlichen Stämmen eine Verhandlung stattfinden, um die Blutrache zu beenden. »Was ist denn geschehen, Vater?« fragte Blascho in atemloser Verwunderung.

»Dein Großonkel Krso ist von einem Djuranowitsch erschossen worden. Ich hätte ihn noch am selben Tag rächen können ...« »Aber du hast es nicht getan?« unterbrach Blascho den Vater. »Nein, ich habe es nicht getan.« »Du hast Frieden gemacht!« rief Blascho freudig erregt. »Nein, mein

Sohn. Das habe ich nicht. Wie kann ich, ein Einzelner, für das ganze Haus den Frieden schließen. Ich habe nur nachgezählt, wie viele Männer wir und die Djuranowitschi noch haben. Und ich habe festgestellt, dass unsere beiden Häuser bald ohne Stammhalter sein werden, wenn die Fehde nicht aufhört. Deshalb müssen wir auf die Rache verzichten und Frieden machen. Ob es uns passt oder nicht, Freitag ist die Verhandlung. Du führst mein Pferd.«

»Gern Vater«, sagte Blascho.

Die Verhandlung fand auf einer Wiese unterhalb einer schroffen Felswand statt. Jede Familie erschien in der Ordnung, die die Sitte vorschrieb: Der Hausherr ritt, der älteste Sohn führte das Pferd, die übrige Familie folgte zu Fuß.

Fast als Letzter kam so auch der hünenhafte Rade mit seiner Familie an. Als die Verhandlung begann, machte Rade sich rasch zum Wortführer seines Hauses, und bald holte man ihn als Verhandlungsführer in die Mitte der Wiese.

Blascho sah, als sein Vater gerade zur Wiesenmitte schritt, zufällig Ivo, seinen einstigen Spielgefährten, auf der gegenüberliegenden Seite zwischen den Djuranowitschi sitzen und winkte ihm zu. Ivo machte große Augen, weil er entweder Blascho nicht gleich wieder erkannte oder weil der Gruß aus dem feindlichen Lager ihn überraschte. Dann aber winkte er zurück.

Zwei Knaben schlossen Frieden, als die erwachsenen Männer noch weit von einem Friedensschluss entfernt waren.

Als wieder und wieder Klagen um Väter, Männer oder Brüder laut wurden, als beide Seiten gar anfingen, die Toten gegeneinander aufzurechnen, hob Rade die Hände, brachte auf beiden Seiten die Ankläger zum Schweigen und rief: »Wir sind hier nicht zusammengekommen, um Tote zu zählen und neuen Zorn zu wecken. Es gibt auf beiden Seiten genügend Gewehre und genügend sichere Hände, um auch die letzten Frauen noch zu Witwen, auch die letzten Kinder noch zu Waisen zu machen. Wir wollen nicht aus Angst und Schwäche Frieden schließen, sondern aus Überlegung und Vernunft. Wenn das Blut der Vergangenheit wieder über uns kommt, wenn wir mit den Gewehren statt mit Worten reden, wird es für beide Seiten keine Zukunft geben!«

Blascho hatte, als der Vater redete, an dessen Lippen gehangen. Er hätte aufspringen und den Vater umarmen mögen.

Es waren nicht wenige unter den Versammelten, die Rade für die Rede dankbar waren. Als Rade die offenen Hände beiden Seiten hinhielt und ausrief: »Wer für den Frieden ist, der stehe auf!« da sprangen viele der Versammelten sogleich auf die Beine, nach und nach erhoben sich alle anderen.

»So sei denn Friede!« rief Rade mit erhobenen Händen. Aber bevor er beim Senken der Hände das Kreuz schlagen konnte, schrie aus dem Lager der Djuranowitschi die alte Andja, die Mutter eines jüngst Erschlagenen: »Nein! Es wird kein Friede, ehe mein Sohn gerächt ist!«

»Aber er ist gerächt, Mutter!« sagte ihr jüngster Sohn, der neben der immer noch am Boden Hockenden stand. »Ist er gerächt, wenn sein Mörder lebt?« kreischte die Alte. »Ich kenne seinen Mörder. Dort steht er!«

Die ganze Versammlung stand noch starr nach diesem plötzlichen Ausbruch der Alten, als der Sohn Andjas blitzschnell die Pistole zog, anlegte, ohne lange zu zielen, und abdrückte.

Hände fuhren an die Pistolen. Kinder weinten. Frauen packten die Hände ihrer Männer, um sie am Schießen zu hindern.

Ein Augenblick hätte genügt, den kaum gewonnenen Frieden wieder in blutigste Fehde zu verwandeln, wenn nicht Rade abermals die Arme hoch geworfen und – sich gegen seine eigenen Leute wendend – gebrüllt hätte: »Wer ist getroffen?«

Jetzt wurde es plötzlich still, weil jedermann auf Antwort wartete. Aber es kam keine Antwort. Die Stille wurde so tief, dass man aus der Ferne ein Schaf blöken hörte.

Da wandte Rade sich den Djuranowitschi zu und sagte: »Wäre einer der Unseren getroffen worden, so lebte auch dein jüngster Sohn nicht mehr, Andja. Willst du, dass es so weiter geht? Dein Sohn ist kein Feigling. Wir alle wissen es. Du hast den Krieg befohlen, und er hat geschossen. Nun befiehl ihm den Frieden. Steh auf!« Mit verschlossenem Gesicht erhob die alte Frau sich ganz langsam aus ihrer Kauerstellung. Ihr Mund war zusammengepresst. Sie sprach kein Wort. Aber sie stand auf. Als Letzte.

Nun wiederholte Rade, die offenen Handflächen den beiden Lagern hinhaltend: »So sei denn Friede!« Dann schlug er langsam das Kreuz. Der Frieden war geschlossen. Die Familien, die noch Väter hatten, brachen in der vorgeschriebenen Ordnung auf: Der Hausherr ritt, der älteste Sohn führte das Pferd. Die übrige Familie folgte zu Fuß.

In dieser Reihenfolge wollte auch Rade mit seine Familie aufbrechen. Er rief seinen Sohn Blascho, dass er das Pferd übernehme. Aber der Junge antwortete: »Ich kann nicht, Vater, du musst mich aufsitzen lassen.«

»Wie?« Rade fuhr herum und sah erst jetzt seinen Sohn an, der ungewöhnlich blass und nach vorn gekrümmt im Grase saß.

»Was ist denn? Ist dir nicht gut?« fragte er ungeduldig. Der große Mann hasste Krankheiten, bei anderen ebenso wie bei sich selbst. Aber der Junge sah wirklich schlecht aus. Das Gesicht war blutleer. Die Augen waren fiebrig.

»Was ist denn?« Er beugte sich sogar herab und legte eine Hand auf die Stirn des Knaben. Sie glühte. Blascho fieberte. Jetzt wurde Rade unruhig. »Was ist geschehen?« fragte er zum dritten Mal.

Da schlug sein Sohn den Hirtenmantel ein wenig zurück, und Rade sah, dass der Knabe unter dem Mantel seine Hand auf eine Wunde hielt. Die Finger und das Leinenhemd waren blutverschmiert.

Rade richtete sich wieder auf, sah mit großen Augen und halb offenem Mund auf seinen Sohn nieder und fragte: »Bist du etwa ...?«

»Ja«, sagte Blascho. »Ich bin getroffen worden.« Er schloss den Mantel wieder über seiner Wunde und fügte hinzu: »Aber es hat niemand gemerkt. Du brauchst es auch keinem zu sagen. Bring mich weg. Der Militärdoktor in Podgoritza macht mich sicher schnell gesund.«

Der Vater stand fassungslos vor seinem Sohn. Er hatte das dumpfe Gefühl, dass dieser Junge im Grase ein Held sei. Aber Helden, die leiden und schweigen, kannte er nicht. Zorn auf diesen Dulder und Schweiger wuchs in seinem Bauch.

Mit ungewöhnlich rauher Stimme fragte er: »Warum sagst du mir erst jetzt, dass du getroffen bist?«

»Sonst hätte es keinen Frieden gegeben, Vater.«

»Ein Frieden, der mit dem Blut eines Kindes erkauft ist, Blascho, ist das ein Frieden?«

»Der Militärarzt kuriert mich bestimmt, Vater. Und mein bisschen Blut spart so viel anderes Blut.«

Plötzlich merkte Rade, dass der Junge schwer atmete, Schmerzen hatte und einer Ohnmacht nahe war. Ohne ein weiteres Wort hob er Blascho auf, setzte ihn in den Sattel seines Pferdes und fragte: »Kannst du dich mit einer Hand halten?« Blascho nickte.

Ehe die Frauen Zeit zu Fragen hatten, griff Rade in den Zaum des Hengstes und führte ihn von der Wiese.

Wer noch auf dem Versammlungsplatz stand, sah mit Staunen, dass etwas Unerhörtes geschah: Der Älteste eines Hauses führte für seinen Sohn das Pferd, für einen Knaben, dem noch kein Flaum aus Kinn und Wangen spross.

Ein Djuranowitsch, der sich für witzig hielt, rief: »Glaubst du, im Frieden müssen die Wölfe die Lämmer hüten, Rade?«

Rade antwortete im Weitergehen: »Dieses Lamm hat euren Frieden mit seinem Blut bezahlt, Djuranowitsch. Andjas Sohn hat ihn getroffen. Er aber hat keinen Laut von sich gegeben.« Jetzt, da sie wussten, was geschehen war, schrien die Frauen auf. Die Männer aber betrachteten staunend oder bewundernd den Knaben auf dem Pferd.

JAMES KRÜSS

Wie man's nimmt

I.

Jetzt bist du in Theresienstadt,
jetzt lebst du auch in unserer Mitten,
aus allen Gassen tönt der Lärm
von schweren Menschenschritten.

Zumindestens seh ich es so,
das Getto dieser alten Stadt,
so abgeschlossen von der Welt,
ein Kilometer im Quadrat.

II.

Der Tod ist überall zu Haus,
fasst einen jeden an den Kragen,
auch solche, denen ihre Nasen
beständig in die Höhe ragen.

Gerechtigkeit schafft in der Welt
zu guter letzt sich freie Bahn,
und sie versüßt das bittere Brot
dann selbst dem allerärmsten Mann.

MIROSLAV KOSEK

Dezember:
Urgrund des Lebens

Der Urgrund des Lebens

In der jüdischen Tradition wird der Urgrund des Lebens – also das Göttliche – nicht benannt. Es soll nicht festgelegt werden oder in eine Vorstellung gebracht werden. Eine kleine Geschichte verdeutlicht dies:

Der Rabbi sagte zum Jungen: »Du bekommst einen Taler, wenn du mir sagst, wo Gott ist.«

Der Junge zum Rabbi: »Du bekommst zwei Taler, wenn du mir sagst, wo Gott nicht ist.«

Gott ist zwischen dem Wissen und dem Nicht-Wissen zu Hause, oder anders ausgedrückt: Gott ist mit der Logik und dem Verstand nicht erfassbar. Letztlich geht es in der Begegnung und Auseinandersetzung mit Gott doch um die Frage: »Gibt es ›etwas‹, was mich über das Menschliche hinaus wirklich trägt?« Und diese Frage ist nicht theoretisch zu beantworten, sondern nur auf der Erfahrungsebene. Mir kommt die Auseinandersetzung um das Göttliche oft so vor wie Menschen, die über das Kochen reden, ohne je gekocht zu haben. Was »Kochen« ist, kann man nur durch Kochen selbst beurteilen. Genauso ist es mit Gott. Auf Gott kann man sich einlassen oder nicht.

Dazu meine Lieblingsgeschichte:

Der Einsiedler

Der Einsiedler geht, wie jeden Morgen, zum Brunnen, um das Wasser zu holen. Dort trifft er Wanderer, die ihn fragen: »Was machst du hier?« Der Einsiedler schickt sie zum Brunnen: »Was seht ihr?« Sie kommen zurück und einer antwortet: »Ich sehe nur braunes, schmutziges Wasser, aufgewühlt durch deinen Eimer.« Der Einsiedler schweigt eine lange Weile und schickt sie wieder zum Brunnen.

»Was seht ihr jetzt?« will er wissen. »Das Wasser ist ruhig und still geworden. Ich kann mich wie in einem Spiegel selbst sehen«, erwidert einer. Und ein anderer fügt hinzu:

»Wenn ich mich richtig stelle und die Sonne in meinem Rücken ist, kann ich sogar den Grund sehen.« Der Einsiedler nickte: »Dies mache ich hier. Ich gehe in die Stille und werde ruhig. Was in mir aufgewühlt war, setzt sich und kommt zur Ruhe. Dann erkenne ich mich selbst und ahne wer ich wirklich bin. Und manchmal schaue ich den Grund des Lebens.« Dann nimmt er seinen Eimer und geht.

Die dreifache Art der Begegnung

Wer dem Göttlichen begegnen will, macht zumeist drei Erfahrungen:

Der Mensch begegnet sich selbst – mit Schatten und Licht.
Der Mensch begegnet den anderen und der Schöpfung in einem
neuen Licht.
Der Mensch begegnet (in unterschiedlichen Intensitäten) dem Göttlichen.

Wie kann das geschehen:

Im Schweigen und in der Stille.
In einer regelmäßigen geistlichen Übung.
In Offenheit und Bereitschaft, sich lieben zu lassen.

Was ist Glauben:

Glauben ist nichts anders als Vertrauen, dass Du da bist.

Dazu ein Lied, das auch als Übung geeignet ist:

T: Rüdiger Maschwitz
M: Michael Reimann

Ich bin da! Du bist da! E - wi - ge Ge - genwart. Ha - le - lu - ja.

Der Umgang mit den unterschiedlichen Aspekten unserer Wahrnehmung

In einer Stadt lebten nur Blinde. Ein König zog an der Stadt vorbei. Er hatte unbekannte Tiere mit. Die Blinden durften eine Abordnung schicken, die das Tier erfühlen sollten. Sie kamen zurück und beschrieben das Tier. Der Erste sagte: »Das Tier ist wie eine raue Wand.« Der Zweite erwiderte: »Nein, das Tier ist eher wie ein dicker Schlauch.« »Dies stimmt auch nicht«, fügte der Dritte an, »das Tier ist wie ein Pinsel.« »Ich finde, das Tier ist eher wie ein großer schwerer Speer«, widersprach der Vierte und der Fünfte ergänzte: »Das Tier ist eher wie die Säulen im Tempel.« So stritten sie über das Tier, bis ein weiser Mann eingriff. »Hört auf! Ihr habt alle einen Teil des Tieres für das Ganze gehalten. Aber alles gehört zusammen. Nur wenn ihr eure Erfahrungen zusammentragt, erfasst ihr mehr von der Wirklichkeit des Tieres.«
Nach einer Weile des Schweigens fügte er hinzu: »Ist es mit Gott nicht ganz genauso?«

Eine praktische Vertiefung

Sie können diese Geschichte auch in Erfahrung umsetzen. Nehmen Sie einen Fühlsack, also einen Stoffbeutel, der nicht durchsichtig ist und in den Sie hineingreifen können – ohne den Inhalt zu sehen.
Ein Fühlsack lässt sich leicht aus einem schweren engmaschigen alten Pullover machen. In den unteren Rand nähen Sie einen Reißverschluss und den Halsausschnitt nähen Sie zu. Durch die Arme können Sie nun in den Fühlsack greifen. Legen Sie ein Stofftier, z.B. den Elefanten aus der obigen Geschichte, hinein und lassen Sie verschiedene Menschen fühlen.

Über das Beten und Meditieren

Viele Menschen stellen sich Beten als so eine Art »Wünsch dir was« vor. Leider führt diese Vorstellung gerade in Krisen immer wieder zu Enttäuschungen, denn Beten ist etwas anderes als die äußere Korrektur von Fehlern und Leid.

Beten ist vielmehr eine Grundhaltung, die uns in Gott geborgen sein lässt. Diese Grundhaltung gilt es einzuüben, sie ist eine Haltung des Vertrauens.

Aus einer Zeitung

Wissenschaftler haben in Studien nachgewiesen: Wer betet, wird leichter mit dem Alltag fertig, kann besser abgeben und Ängste besiegen. Balsam für die Seele! Tests mit 4000 Personen zeigten: Die stille Zwiesprache mit Gott macht innerlich stark, baut Stress ab. Und sie heilt!
(Aus: Funk Uhr, Heft 20/Mai 1999)

Einübung in die Grundhaltung:

Es gibt keine Gebetstechnik. Ein Bild verdeutlicht dies. Man kann einen Baum ganz unterschiedlich hochklettern. Leitern sind hilfreich, aber nicht notwendig. Mit dem Beten geht es ähnlich. Feste Zeiten, überlieferte Worte und Texte können zwar helfen, aber sie sind weder Voraussetzung noch notwendig.

1. Schritt: Achtsamkeit

Der erste Schritt zum Beten ist das Lernen von Achtsamkeit im Alltäglichen. Wer aufmerksam lebt, nimmt das Selbstverständliche wieder als ein wertvolles Geschenk an. Die Achtsamkeit verbindet mit anderen Menschen und auch mit Pflanzen und Tieren. Wir beginnen anders miteinander umzugehen.

2. Schritt: Innehalten

Wer achtsam ist, kann und wird innehalten. Innehalten ist mehr als »mach mal Pause«. Innehalten fördert die Neugier. Wir schauen dann gerne hinter die Dinge. Beten ist ein Gewahrwerden, was hinter den Dingen ist. So wächst durch das Innehalten wieder Ehrfurcht vor dem Leben. Wer innehält, rennt nicht besinnungslos durch das Leben, vollgetankt mit Vielem, ja zu Vielem. Wer innehält kommt zur Besinnung. Dies ist ein wichtiger Aspekt des Betens.

3. Schritt: Was mich bewegt, aussprechen

Wer aufmerksam innehält, wird wahrnehmen, was ihn und sie im Herzen bewegt. Er wird das Wesentliche vom Unwesentlichen unterscheiden können und mit Gott teilen wollen. So findet sich eine einfache, schlichte Sprache für Freude und Leid, für Dank und Enttäuschung, für Wut und Kraft. Eigene schlichte Gebete:
Ich danke für dieses leckere Essen,
gewachsen in der Natur, zubereitet von liebevollen Menschen.
oder:
Ich bin immer wieder entsetzt über Hass und Gewalt. Ich bitte um eine Änderung unserer Einstellungen. Daran möchte ich mitwirken.

4. Schritt: Wir beten für uns selbst

Im Beten ändert sich der eigene Blickwinkel. Der Mensch schaut über seinen eigenen engen Horizont. Er betet nie für Gott, sondern für sich selbst. Gott weiß um den Menschen und seine Bedürfnisse (Matthäus 6,8). Deshalb führt Beten zur Bewusstseinserweiterung: Der Mensch wird sich seiner selbst bewusst. Er darf und soll im Beten erkennen, dass er bzw. sie ein liebenswürdiges Wesen ist, das ohne

jede Bedingung – wertvoll ist. Dieses wirklich anzunehmen und mit sich selbst zufrieden zu werden, fällt vielen Menschen nicht leicht. Beten ist auch Reflexion, die nicht in Selbst-Vorwürfen stecken bleibt, sondern zur Veränderung führt. Die Gebetsform hierzu ist auch die Stille.

5. Schritt: Im Schweigen – in der Meditation auf die innere Stimme hören

Dag Hammarskjöld (verstorbener UNO-Generalsekräter) hat das innere Gebet – die Meditation – in einem wunderbaren Text verdichtet. Es ist gleichzeitig eine Anleitung zur eigenen Stille. Es kann durchaus täglich gesprochen werden. Es nutzt sich nicht ab. Bedenken Sie den Text nicht. Lassen Sie ihn wirken, er entfaltet sich in Ihnen, wie ein Duft sich im Raum entfaltet. Nehmen Sie sich diesen Augenblick.

Die längste Reise ist die Reise nach innen

Ich sitze hier vor dir, aufrecht und entspannt, mit geradem Rückrat.
Ich lasse mein Gewicht senkrecht durch meinen Körper hinuntersinken
auf den Boden, auf dem ich sitze.
Ich halte meinen Geist fest in meinem Körper.
Ich widerstehe seinem Drang aus dem Fenster zu entweichen, an einem
anderen Ort zu sein als an diesem hier,
in der Zeit nach vorn und hinten auszuweichen, um der Gegenwart zu entkommen.
Sanft und fest halte ich meinen Geist dort, wo mein Körper ist: hier in diesem Raum.

In diesem gegenwärtigen Augenblick lasse ich alle meine Pläne, Sorgen
und Ängste los.
Ich lege sie jetzt in deine Hände.
Ich lockere den Griff, mit dem ich sie halte, und lasse sie dir.
Für den Augenblick überlasse ich sie dir.
Ich warte auf dich – erwartungsvoll.
Du kommst auf mich zu und ich lasse mich von dir tragen.

3. Woche

Ihr sollt ein Segen sein

Wie oft wünschen sich Menschen Segen: gesegnete Mahlzeit, gesegnetes Weihnachtsfest, ein gesegnetes neues Jahr. Es klingt merkwürdig modisch und alt-modisch zu gleich. Bei Hochzeiten oder Taufen habe ich beim konkreten Segen für das Paar oder das Kind oft tiefe innere Berührungen erlebt, die jenseits von Kitsch und Klischees waren. Was ist dieser Segen, der so manches bewirkt?

Segen fließt durch die Hände –
Der Energieball

Machen Sie als kleine Vorübung zum Segen Folgendes: Halten Sie Ihre Handinnenflächen dicht nebeneinander – ohne dass sie sich berühren. Stellen Sie sich vor, dass ihr Ausatmen durch ihre Arme strömt. Er fließt durch Ihre Handinnenflächen nach außen. Konzentrieren Sie sich auf Ihre Handinnenseite. Wird sie wärmer? Bildet sich ein »Kraftfeld« zwischen den Händen? (Wenn die Hände zu kalt sind, dann reiben Sie die Hände kräftig aneinander, so werden sie warm und sie sind für die Übung besser vorbereitet.)
Nun spielen Sie mit dem Kraftfeld zwischen den Händen. Spüren Sie, wieweit Sie die Hände auseinander nehmen können, ohne dass Sie den Kontakt (durch die Energie, die sich bildet) zur anderen Hand verlieren. Zwischen den Händen ist nun ein Energieball, der je nach Intensität größer oder kleiner werden kann. Er gleicht einem Luftballon, der je nach Kraft dicker oder dünner wird.

Die Kraft spüren

- Bringen Sie – nach obiger Übung – Ihre Handflächen zu einem Knie. Die Hände liegen rechts und links vom Knie, ohne es zu berühren. Stellen Sie sich vor, dass die Energie durch das Knie von Hand zu Hand fließt. Es folgt das zweite Knie.
- Bringen Sie beide Hände vor das Gesicht und lassen Sie sich von der Energie berühren.
- Nehmen Sie den Kopf zwischen die Hände.
- Halten Sie die Hände vor die Stirn oder über den Scheitelpunkt.

Was spüren Sie? Wie spüren Sie?

Die Übungen können auch als Partnerübungen mit einem vertrauten Menschen gemacht werden.

Segen – die Energie Gottes

Segen ist die Energie Gottes, die durch menschliche Hände fließt. Die Anfangsübung hat dies bewusst aufgenommen. Sie wurden eingeladen, den Atem durch die Arme fließen zu lassen. Der Atem ist in der Tradition ein Teil der Energie Gottes, ein Teil des Geistes. Wenn wir Menschen segnen und gesegnet werden, sollten wir uns bewusst sein, dass hier mehr wirksam ist als menschliches Tun. Oft ist dies zu spüren.

Der Segen für die Kinder

In der jüdischen und in der christlichen Tradition war (und ist) es üblich, dass die Eltern ihre Kinder bei wichtigen Lebensabschnitten segnen und ihnen dazu die Hand auflegen oder die Hand, wie in der Übung, über sie halten. Ich persönlich finde die Haltung, bei der die Hand über einen Menschen gehalten wird, sogar intensiver als eine echte Berührung. Meist waren es die Väter, die segneten. Es erscheint mir heute

hilfreich, dass Männer und Frauen/Väter und Mütter gleichermaßen den Segen sprechen. Damit werden sicherlich unterschiedliche Aspekte des Segens aufgenommen. Außerdem werden so Alleinerziehende ernst genommen.

Es wäre schön und stärkend, wenn diese Tradition bei Schwellensituationen wieder aufgenommen würde, z.B. zu Beginn und Abschluss einer Kindergarten- oder Schulzeit. Dies kann sowohl durch Geistliche geschehen, also auch durch Väter, Mütter, Freundinnen, Paten, ...

Im Kranksein, in Krisen und im Abschied gesegnet werden und segnen

An Krankenbetten bitten viele Menschen um den Segen. Sie wünschen sich Stärkung für den weiteren Weg. Der Segen ändert diesen Weg nicht (z.B. jetzt werde ich gesund), sondern der Segen stärkt für das, was kommt. Er stärkt im Heilwerden und im Abschiednehmen. Trauen Sie sich selbst an Krankenbetten oder auch im Abschied zu segnen oder sich von dem Abschied Nehmenden (Sterbenden) segnen zu lassen. Es wird Ihnen gut tun.

Reisesegen

Eine besondere Form des Segens wurde in den letzten Jahren wieder vertrauter: der Reisesegen. Er stärkt, lässt Abschied nehmen, gibt Gefühlen Raum, und hindert uns, zu oberflächlich mit Reisen und Fahrten umzugehen. Es ist auch heute nicht selbstverständlich, dass wir heil und gesund wieder kommen.

Einige Irische Segensworte

Ich wünsche dir immer einen heiteren Himmel.
Über allem, was du gerne tust,
über den Dingen, die du liebst,
Gottes Segen umgebe dich ganz.

Sein Licht aus der Höhe erleuchte dich
Und tiefe Zufriedenheit fülle dich aus –
Heute und an jedem Tag, der vorübergeht.

Den tiefen Frieden der schäumenden Wellen wünsche ich dir.
Den tiefen Frieden der fließenden Luft wünsche ich dir.
Den tiefen Frieden der lächelnden Sterne wünsche ich dir.
Den tiefen Frieden der ruhigen Erde wünsche ich dir.
Den tiefen Frieden der wachenden Hirten wünsche ich dir.
Den tiefen Frieden des Sohnes des Friedens wünsche ich dir.

Mögest du immer zwei Pennystücke in der Tasche haben,
eins für dich, eins für den, der dich darum bittet.

4. Woche

Der Weg führt zur Mitte des Lebens

Das Leben ist für Menschen, die offen sind für Spiritualität, ein Weg. Manchen Menschen ist es wichtig beim Gehen ein Ziel vor Augen zu haben, anderen ist es wichtiger Schritt für Schritt zu gehen und auf dem Weg zu bleiben. Das spirituelle Wort: »Der Weg ist das Ziel«, ist mittlerweile zwar abgegriffen, aber es verbindet die beiden Vor-gehens-weisen zu einer Einheit. Wir Menschen brauchen ein Ziel und da wir nicht wissen, ob wir es – egal aus welchen Gründen – erreichen, wird jeder Augenblick wichtig. Und so ist in jedem Schritt auch das Ziel enthalten.

Der Weg als Bild

Wer einen unbekannten Weg geht, wird ihn am besten neugierig und achtsam gehen. Ist der Weg vertraut und gewohnt, gibt es einerseits Sicherheit und Routine, andererseits merken wir Veränderungen selten. Der Lebensweg beinhaltet beides: Es gibt viel Wiederkehrendes und Vertrautes und doch ist jeder Tag neu. Letztlich gibt es keinerlei Wiederholung. Es gilt dies wahrzunehmen und das Leben als einen spannenden Wandlungsprozess zu begreifen. Wer nur ans Ende kommen will, ist am Ende – durchaus im doppelten Sinne.

Der spirituelle Weg

Geistliches Leben ist, wie der ganze Lebensweg, ein Prozess mit Veränderungen, Konflikten, Krisen, Reifungsabschnitten, tiefem Glück, Freude und Neuorientierungen. Wer ihn intensiv sucht und geht, wird merken, dass wir, sobald wir die Sehnsucht nach Sicherheit aufgeben, Menschen werden, die eigene Verantwortung und Mündigkeit

auf dem spirituellen Weg brauchen. Die Erfüllung liegt nicht im ozeanischen Erleben des Kindes im Mutterbauch. Dort war eine große Geborgenheit und eine diffuse Einheitserfahrung, in die kein Mensch zurück kann.

Der erwachsene Mensch macht seine Wegerfahrungen mit dem Göttlichen bewusst, wach und intensiv. Er überschreitet oft Grenzen des Gewohnten, doch er wird sich dessen bewusst und integriert es in sein Leben. Er wird weder Einsiedler, noch zieht er sich in die Innerlichkeit zurück, sondern er trägt seine Spiritualität in den Alltag hinein.

Die Spirale

Das Bild, das den spirituellen Weg meines Erachtens am besten beschreibt, ist die Spirale.

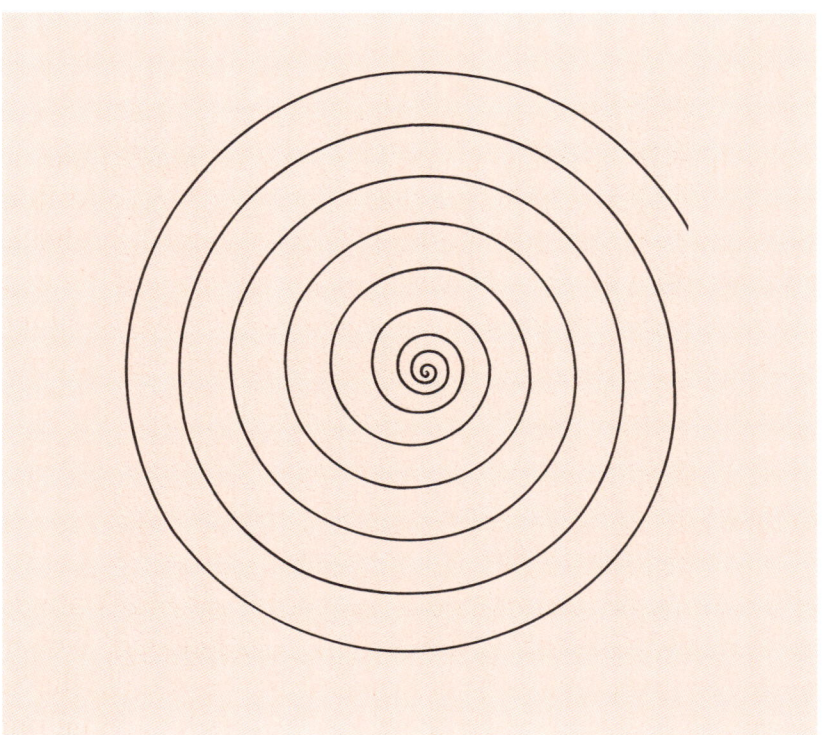

Das Kind kommt aus der Mitte und geht seinen Weg immer mehr in die Welt, es entfaltet sich, breitet sich aus, erobert seine Umgebung, meistert die kleinen und großen Erfahrungen und zieht seine eigenen Kreise immer größer. Das Kind entwickelt sich nach außen und dies ist notwendig. Die Spirale zeigt, dass Kinder die Verbindung zur Mitte des Lebens, zum Ursprung halten können.

Der Erwachsene ist den Weg des Kindes gegangen. Seine Kreise sind weit geworden. Begibt er sich auf den geistlichen Weg, geht er, wie in einer Spirale, Schritt für Schritt nach innen zur Mitte hin, aber nicht zurück.

Die Adventspirale

Die Weihnachtsgeschichten sind Weg-Geschichten. Sie erzählen von Menschen, die nur ihren eigenen Weg gehen können, seien es Maria und Jospeh, die Hirten oder die Weisen. Die einen erwarten, dass das Göttliche in ihnen geboren wird, die anderen folgen einer Sehnsucht am Himmel und erleben eine Überraschung, den Dritten begegnet das Göttliche in ihrem harten Alltag. Das Kind braucht einen Fluchtweg, um zu überleben – was uns heute ja auch nicht unbekannt ist.

Die Adventsspirale nimmt den Weg als Motiv auf, der zur Mitte führt.

Zum Ausprobieren

Sie brauchen: ein Seidentuch 90x90 cm, Seidentuchmalfarbe und Borstenpinsel, Plastikunterlage, Föhn, unempfindliches Bügeleisen mit Unterlage, Silberzeichenstift 3 mm breit, 24 Streichholzschachteln leer, Geschenkpapier zum Bekleben der Streichholzschachteln, Klebstoff.

So geht es: Machen Sie das Seidentuch nass und drücken Sie es aus. Malen Sie mit einer Farbe eine große Spirale auf das Tuch. Die Spirale nutzt die ganze Tuchgröße. Mit den anderen Farben wird das Tuch behutsam weiter bemalt. Es macht nichts, wenn die Farben verlaufen und sich vermischen. Die Spirale bleibt allerdings gut sichtbar. Das Tuch wird trocken geföhnt, anschließend wird durch Bügeln (Seide!) die Farbe fixiert. Mit dem Silberstift werden von außen (1) nach innen (24) die 24 Adventszahlen

schön eingetragen. Auf jeder Zahl muss Platz für eine Streichholzschachtel sein. Die Schachteln werden mit buntem Papier rundum beklebt. In die Schachteln kann nun in die »Schublade« ein Adventsgeschenk gelegt werden. Die Schachteln können wieder mit dem Silberstift durchnummeriert werden. Für jeden Adventstag entsteht so eine gefüllte Kalenderbox. Sie müssen nicht nur mit Süßigkeiten gefüllt sein, sondern es können dort Gutscheine zu finden sein (z.B. einmal Schuhe putzen für ..., ein Kinobesuch, ein Spieleabend, gemeinsames Backen nach Wunsch, ...).

Bei mehreren Familienmitgliedern werden mehrere Boxen Tag für Tag übereinander gestapelt. Sie sollten dann für jede Person farblich erkennbar sein oder mit dem Silberstift gekennzeichnet sein. Oder es sind jeweils Anregungen und Ideen für die ganze Familie in den Schachteln oder sie öffnen die Kalenderboxen abwechselnd. An den Platz der abgeräumten Boxen können Sie jeden Tag eine Krippenfigur stellen, sodass am Ende der Weg bis Weihnachten mit Suchenden gefüllt ist. Viel Spaß.

Wegzeichen

Du weißt nicht, was hinter der nächsten Kurve auf dich zukommt.

Du kannst nur selbst nachschauen.

Wenn du einen Menschen kennen lernen willst, gehe ein paar Meilen in seinen Schuhen.

Wenn du Gott kennenlernen willst, ...

Moses geht seinen Weg, Maria geht ihren Weg, Franziskus geht seinen Weg, du gehst deinen Weg.

Geschichten und mehr

Warum ist der liebe Gott keine Frau?

Diese Karte hat uns die Oma von Sonja Wächter aus Stuttgart geschickt. Die Sonja hat ihre Oma etwas gefragt, was diese vorsichtshalber gleich an uns weitergeschickt hat. Sonja wollte nämlich wissen: »Warum ist der liebe Gott keine Frau?«

Nun, Euer Gnaden, ich ahne, warum die Oma von der Sonja sich mit dieser Frage lieber an uns gewandt hat: Warum ist der liebe Gott keine Frau? ist eine Glaubensfrage.

Die Christen genauso wie die Israeliten oder die Muslime glauben an Gottvater. Also heißt es bei ihnen der liebe Gott und nicht die liebe Göttin.

Und trotzdem haben viele Menschen eine Sehnsucht nach einer Muttergottheit. Nur deshalb gibt es in den Kirchen hierzulande so viele Bilder mit der Jungfrau Maria.

Euer Gnaden werden nun verstehen, dass unsereiner keine Glaubensfragen beantworten kann – denn woran ein Mensch glaubt oder nicht, ist ganz allein seine Angelegenheit. Andererseits stehen wir im Wort, dass wir – rein südpolmäßig gesehen – auf jede Frage eine Geschichte erzählen werden. Und das wollen wir auch halten:

Zum geheimen Wissen der Pinguine gehört die weise Erkenntnis, dass die Unsrigen sich über ihren Glauben niemals streiten werden. Denn die Unsrigen sagen: Gott ist unbegreiflich. Also streiten sich die Unsrigen auch nicht darüber, ob der liebe Gott ein Mann ist oder eine Frau.

Und doch haben die Unsrigen ein Wort gefunden, das unserer Ehrfurcht und unserem Staunen Ausdruck verleiht. Nach diesem Wort haben wir lange gesucht. Das war so gekommen:

Einst fiel ein Schwarm Spatzen vom Himmel und tschilpte und pickte und tschilpte. Die Unsrigen, die zwischen den Spatzen standen, staunten über dieses Völkchen, das da vom Himmel gefallen war in einer wirbelnden Wolke und nun so lauthals schnatterte und flatterte.

Was sie wohl zu bereden hatten?

Man ließ einen Übersetzer kommen, den Herrn Humboldt-Pinguin, den alle nun ja schon kennen. Der hielt den Kopf etwas schräg und hörte den Spatzen zu. Dann sagte er laut: »Die Spatzen behaupten. Gott sei wie ein Spatz; nur anders.«

Einige der Unsrigen lachten darüber.

Doch bald verging ihnen das Lachen, denn ein riesiger Wal tauchte aus dem Meer auf und rief: »Ich habe alles gehört. Aber noch nie einen solchen Unsinn! Gott ist wie ein Wal; nur anders.« Dann glitt der Wal wieder hinab in die Tiefen des Ozeans.

Nur: Gerade unter Wasser spricht sich alles sehr schnell herum. Es dauerte gar nicht lange, da zog sich ein Krebs hinauf auf das Eis, ging schräg auf uns zu, hob seine roten Scheren wie zum Gebet gen Himmel und sprach: »Ich habe alles gehört, aber noch nie einen solchen Unsinn! Gott ist wie wir. Ein scherenstolz Gerüsteter in reich gesegneten Gewässern. Gott ist wie ein Krebs – nur anders.« Sprach's und krabbelte rückwärts, die Scheren hoch erhoben, über die Eiskante hinab in sein Element.

Die Unsrigen sahen sich sorgenvoll an.

Da schoss ein Schwarm Fische durch die Brandung und rief im Chor: »Wir haben alles gehört! Aber noch nie einen solchen Unsinn! Gott ist wie ein Fisch – nur anders!«

Und schon war der Schwarm Fische wieder hinter der Brandung verschwunden.

Am Himmel standen die Möwen im Wind, denn sie waren dem Fischschwarm gefolgt. Nun aber stießen sie ein schrilles Gelächter aus: »Wie sind diese Fische doch dumm! Gott ist wie eine Möwe im Wind, klar doch, wie eine Möwe, nur anders!«

Und unter meckerndem Gelächter glitten die Möwen dicht über den Wassern dem Fischschwarm hinterher.

Die Möwen aber hatten die Spatzen aufgeschreckt, deren wirbelnde Wolke sich nun im Himmel verlor. Nur unser Herr Humboldt-Pinguin stand nachdenklich an seiner Stelle. Die Unsrigen warteten. Denn wenn es einen Pinguin gab, der alles dies würde verstehen können, dann war es unser Herr Humboldt.

Endlich schien er aus seinen Gedanken aufzutauchen und bat die Unsrigen näher zu treten. Kummer lag in seinen Augen. Sorge auf seinen Schultern. Schließlich sagte er: »Ihr habt es ja gehört. Was haltet ihr davon?«

Der Kaiserpinguin sagte: »Nicht viel, lieber Humboldt, nicht viel. Denn was ich so hörte, lässt mich vermuten, dass alle Geschöpfe sagen werden, mein Gott ist so wie ich, nur anders.«

»Jaja«, nickte Herr Humboldt-Pinguin, »eure Vermutung stimmt. Ich weiß es von meinen langen Reisen, als ich alle Sprachen der Welt erlernte und überall dumme Fragen stellte, um mehr Weis-

heit zu erfahren. Alle schaffen sich ihren Gott nach ihrem Ebenbild. Die Regenwürmer sagen: ›Gott ist wie ein Regenwurm; nur anders.‹ Die Eidechsen sagen: ›Gott ist wie eine Eidechse; nur anders.‹ Die Maulwürfe sagen: ›Gott ist wie ein Maulwurf; er ist blind, weil er dem Anschein misstraut und Erleuchtung stiftet, nicht Be-leuchtung. Gott ist wie ein Maulwurf – nur anders‹. Alle denken so. Alle glauben so: Gott ist wie ich – nur anders«.

»Und wie ist das bei den Menschen?«, wollte da ein Pinguinkind wissen.

»Bei den Menschen?«, fragte unser Humboldt-Pinguin zurück, um Zeit für die Antwort zu gewinnen. »Bei den Menschen ist es so, wie bei allen anderen Geschöpfen auch. Sie denken: ›Gott ist so wie ich. Nur anders‹.«

»Aber es gibt doch Männer und Frauen?«, warf das Pinguinküken ein.

»Ja«, nickte Herr Humboldt-Pinguin. »Ja, das ist sehr klug beobachtet, Kleines. Es gibt Männer und Frauen bei den Menschen. Und die Männer sagen: ›Gott ist so wie ich. Nur anders.‹« Und die Frauen sagen: ›Gott ist wie ich. Nur anders.‹«

»Aber wie ist Gott dann wirklich?«, krähte der kleine Pinguin. »Ist er nun Mann oder ist sie Frau?« Herr Humboldt-Pinguin dachte nach.

Schließlich aber antwortete er: »Gott ist anders. Ganz anders. Wir haben kein Wort dafür und keinen Begriff. So anders als alles, was wir kennen, ist Gott. Ist euch aufgefallen, dass alle Geschöpfe sich unterscheiden in ihrem Glauben, wenn sie sagen: ›Gott ist so wie ich?‹ Aber dann haben sie doch auch eine Sehnsucht danach, dass Gott für alle da sein möge. Deshalb sagen sie diese kleine Einschränkung. Sie sagen: ›Gott ist so wie ich, nur anders‹. Und auf diese beiden Wörter kommt es an.«

»Mann oder Frau?«, krähte das Pinguinküken. »Anders«, sagte Herr Humboldt-Pinguin, »ganz anders!« »Aber wie?«, wollte das Pinguinküken wissen.

Wieder dachte Herr Humboldt-Pinguin nach, bevor er seine Antwort gab. Gespannt warteten alle Pinguine auf die weisen Gedanken des Herrn Humboldt. Selbst unser freches Küken hielt seinen Schnabel und wartete. Endlich räusperte sich Herr Humboldt-Pinguin und sagte: »Wir wollen uns nicht lustig machen über den Glauben der Würmer; wir wollen auch die Wale nicht kränken und ebenso wenig die Krebse auslachen. Alle sagen sie ja, Gott ist so wie ich, nur anders. Also sehnen sie sich danach, unter Gottes Schutz zu stehen. Alle wollen sie Gottes Kinder sein. Alle hoffen auf diese große Umarmung, die sie wärmt und behütet. Und keiner soll ausgeschlossen sein, darum räumen sie alle ein, dass Gott zwar ist, nur anders. Also sage ich: In allen Geschöpfen waltet Gott. Und doch ist Gott anders. So anders, dass wir suchen müssen nach einem Wort, das alle einschließt, die sich als Gottes Kinder sehen, und dennoch klarmacht, dass Gott ganz anders ist.« (...)

REINHARDT JUNG

Möge die Straße uns zusammenführen

1. Mö - ge die Stra - ße uns zu - sam - men - füh - ren und der Wind in dei - nem Rü - cken
2. Füh - re die Stra - ße, die du gehst, im - mer nur zu dei - nem Ziel berg-
3. Hab un - term Kopf ein wei - ches Kis - sen, ha - be Klei - dung und das täg - lich
4. Bis wir uns mal wie - der se - hen, hof - fe ich, dass Gott dich nicht ver-

1. sein; sanft fal - le Re - gen auf dei - ne Fel - der und warm auf dein Ge-
2. ab; hab, wenn es kühl wird, war - me Ge - dan - ken und den vol - len
3. Brot; sei ü - ber vier - zig Jah - re im Him - mel, be - vor der Teu - fel
4. lässt; er hal - te dich in sei - nen Hän - den, doch drü - cke sei - ne

1. sicht der Son - nen - schein. Und bis wir uns wie - der se - hen, hal - te Gott dich fest in sei - ner
2. Mond in dunk - ler Nacht.
3. merkt: Du bist schon tot.
4. Faust dich nicht zu fest.

Hand. Und bis wir uns wie - der se - hen, hal - te Gott dich fest in sei - ner Hand.

T: nach irischen Vorlagen und
M: Markus Pytlik
© Strube Verlag, München-Berlin

Anhang

Ausgewählte Literatur zum Weiterlesen

Januar: Geschichten, Märchen, Geheimnisse, Träume, Mythen
Das sind unsere Lieder. Ein Liederbuch, herausgegeben von Hein und Oss Kröher, Frankfurt (Büchergilde Gutenberg) 1977
Helmut Hark, Die Heilkraft der Träume. Die Kreativität des Unbewussten nutzen, München (Kösel) 2000
Reinhardt Jung, Das geheime Wissen der Pinguine, Band 1–4, Wien (Verlag Jungbrunnen) 1993 – 1999
Peter Schellenbaum, Träum dich wach. Lebensimpulse aus der Traumwelt, München (dtv) 2000

Februar: Beziehungen – All you need is love
Bert Hellinger, Ordnungen der Liebe. Geschichten vom Glück, Heidelberg (Carl-Auer-Systeme Verlag) 1996
Gerda und Rüdiger Maschwitz, Gemeinsam Stille entdecken. Übungen für Kinder und Erwachsene, München (Kösel) 1997

März: Die Zeit leben
Rüdiger Maschwitz, Hellwach und entspannt. Eutoniegeschichten für Kinder, München (Kösel) 2001
Hermine König, Das große Jahresbuch für Kinder, München (Kösel) 2001

April: Dem Leid ins Gesicht sehen
Harold Kushner, Wenn guten Menschen Böses widerfährt, Gütersloh (GTB) [6]1999
Elisabeth Lukas, In der Trauer lebt die Liebe weiter, München (Kösel) [2]2000
Ken Wilber, Mut und Gnade. In einer Krankheit zum Tode bewährt sich eine große Liebe, München (Goldmann) 1996

Mai: Grund-Werte gestalten
Tahar Ben Jelloun, Papa, was ist ein Fremder? Reinbek b. Hamburg (Rowohlt TB) 2001
Nhat Hanh Thich, Zeiten der Achtsamkeit, Freiburg i.Br. (Herder Spektrum) [5]1999

Juni: Natur erleben
Pia Gyger, Die Erde ruft. Ein Prozess spiritueller und politischer Bewusstseinsentwicklung bei Jugendlichen, Luzern (Rex) 1996

Monika Hofmann/Rolf Roßteuscher, Geschenke des Himmels. Kleine Kinder und ihre Eltern entdecken die Wunder des Lebens, München (Kösel) 2001
Manfred Pahlow, Das große Buch der Heilpflanzen, München (Gräfe und Unzer) [3]1999

Juli: Mach mal Pause
Bruno Dörig, Lebenskunst – oder vom achtsamen Umgang mit sich selbst, mit anderen und der Natur, München (Kösel) 1998
Rudi Seitz, Schöpferische Pausen. Besinnen – Genießen – du sein, München (Kösel) 2001

August: Vom Wert der bezahlten und unbezahlten Arbeit
Matthew Fox, Revolution der Arbeit. Damit alle sinnvoll leben und arbeiten können, München (Kösel) 1996

September: Die Sehnsucht nach Heimat
Hans Jürgen Masaquoi, Neger, Neger, Schornsteinfeger. Meine Kindheit in Deutschland, München (Scherz) 1999
Wolfgang Schmidbauer, Eine Kindheit in Niederbayern, Reinbek b. Hamburg (Rowohlt TB) 1993

Oktober: Feste feiern
Hans Gerhard Behringer, Die Heilkraft der Feste, Der Jahreskreis als Lebenshilfe, München (Kösel) 1997
Gertrud Wagemann, Feste der Religionen – Begegnung der Kulturen, München (Kösel) 1996

November: Den Frieden leben
Hans-Georg Noack, Der gewaltlose Aufstand. Ein Buch um Martin Luther King, Würzburg (Arena), [11]1997
Renate Wind, Dem Rad in die Speichen fallen, Die Lebensgeschichte des Dietrich Bonhoeffer, Weinheim (Beltz & Gelberg) 1999

Dezember: Urgrund des Lebens
Rüdiger Maschwitz, Das Herzensgebet, Ein Meditationsweg, München (Kösel) 1999. Dazu gibt es eine CD: Eutonische Übungen zum Herzensgebet, München (Kösel) 1999
Jörg Zink, Sieh nach den Sternen – gib acht auf die Gassen. Erinnerungen, Stuttgart (Kreuz) [9]2000

Quellenverzeichnis

24 Aus: Boccaccios Decamerone (1349–1351) nach K. Witte, in: C.R. Pabst, Vorlesungen über G.E. Lessings »Nathan«, Bern 1881, S. 133–135

35 Aus: Khalil Gibran, Der Prophet. Walter-Verlag, Düsseldorf/Zürich

37 Aus: Antoine de Saint-Exupéry, Der Kleine Prinz. © 1950 und 1998 Karl Rauch Verlag, Düsseldorf

38 Aus: Henri J.M. Nouwen, Leben hier und jetzt. Jahresbuch. Verlag Herder, Freiburg 4. Gesamtauflage 2000

43 Aus: Khalil Gibran, Der Prophet. Walter-Verlag, Düsseldorf/Zürich

45 Aus der CD »Die sieben Gaben« von Gerhard Schöne. BuschFunk Musikverlag, Berlin

46 Aus: Erich Fried, Es ist was es ist. Verlag Klaus Wagenbach, Berlin 1983; s.a. Gesammelte Werke. Verlag Klaus Wagenbach, Berlin 1993, Band 3, S. 35

68 Quelle unbekannt

97 Rechte bei Autorin

100 Aus: Tahar Ben Jelloun, Papa, was ist ein Fremder? Copyright © 1999 by Rowohlt Berlin Verlag GmbH, Berlin

108 Wenn uns die Schönheit. Aus: Susanna Tamaro, Verso Casa – Heimwege. Aus dem Italienischen von Esther Hansen und Angela Troni. © Pattloch Verlag GmbH & Co. KG, München 2000

140 Aus: Marcel Reich-Ranicki, Mein Leben. © 1999 Deutsche Verlags Anstalt GmbH, Stuttgart

142 Aus: Heinrich Böll, Erzählungen. © 1994 by Verlag Kiepenheuer & Witsch, Köln

144 Quelle unbekannt

148 Aus: Khalil Gibran, Das Reich der Ideen. Aphorismen und Betrachtungen, hrsg. v. Joseph Sheban, übersetzt v. Eva M. Hirsch. Walter-Verlag, Düsseldorf/Zürich 8. Aufl. 1995

158 Aus: Hermann Hesse, Jedem Anfang wohnt ein Zauber inne. Lebensstufen. © Suhrkamp Verlag, Frankfurt am Main 1986

159 Aus: Michael Ende, MOMO. © 1973 by K. Thienemanns Verlag, Stuttgart–Wien

174 Aus: Mein Elternhaus, hrsg. v. Rudolf Pörtner. München 1986, S. 11ff.

175 Rechte bei Autorin

193 In: Thich Nhat, Zeiten der Achtsamkeit. Herder Spektrum 1996

195 Nach einer chassidischen Legende »Der Rabbi von Nemirov«, aus: Ein Licht auf unserem Wege. Rheinischer Verband für Kindergottesdienst, Düsseldorf

197 © Verlag Friedrich Oetinger, Hamburg

210 Aus: Martin Buber, Das echte Gespräch und die Möglichkeiten des Friedens, 1953

211 Aus der CD »Die sieben Gaben« von Gerhard Schöne. BuschFunk Musikverlag, Berlin (nach Astrid Lindgrens Erzählung »Niemals Gewalt«)

212 Aus: James Krüss, Mein Urgroßvater, die Helden und ich. Verlag Friedrich Oetinger, 1967. Rechte: James Krüss Erben

217 Miroslav Kosek (30.3.32–19.10.44) aus Theresienstadt, aus dem Buch »Einen Schmetterling habe ich hier nicht gesehen«. (Theresienstadt war ein »Kinder-KZ« der Nazis)

234 Aus: Reinhardt Jung, Das geheime Wissen der Pinguine 4. © 1999 by Verlag Jungbrunnen, Wien–München (gekürzt)

Texte, die nicht namentlich gekennzeichnet sind, stammen von den Autoren.

Mit **Kindern lebendig** bleiben

207 Seiten
Kartoniert
ISBN 3-466-36464-7

189 Seiten
Kartoniert
ISBN 3-466-36505-8

Konzentration
und Aufmerksamkeit
mit Kindern bis
14 Jahren.

Über 50 genau ausgearbeitete
Phantasiereisen mit
Körperübungen und Vorschlägen
zum kreativen Gestalten.

Einfach lebendig.
LEBEN MIT KINDERN

134 Seiten. Kartoniert
ISBN 3-466-36567-8

Lustige Eutoniegeschichten für
Klein und Groß. Dazu: eine CD
mit Übungen und Kinderliedern.

Kösel-Verlag, München, e-mail: info@koesel.de
Besuchen Sie uns im Internet: www.koesel.de